FRANCE

BELGIQUE

ALLEMAGNE

Reims

LUXEMBOURG

HAMPAGNE

LORRAINE

Strasbourg

ALSACE

la Seine

URGOGNE

FRANCHE COMTÉ

Dijon

Besançon

SUISSE

RHÔNE ALPES

Lyon

Grenoble

le Rhône

ITALIE

PROVENCE

Avignon

Arles

CÔTE D'AZUR

MONACO

Aix-en-Provence

Nice

Cannes

Marseille

MER MÉDITERRANÉE

Premiers pas
en français

Kaeko Yoshikawa

Nori Kondo

Michiko Tanahashi

Editions ASAHI

プルミエ・パ **HP**

https://text.asahipress.com/free/french/premierspasenfrancais/index.html

ネイティブチェック - Isabelle Bilodeau
吹込み - Vincent Durrenberger / Claire Renoul

装丁・イラスト ── メディアアート

©Shutterstock.com
Vladimir Sazonov; Nadiia_foto; neftali
＊クレジット表記の必要なもののみ掲載

まえがき

　本書は、フランス語の初級文法の骨格を理解したうえで、スムーズにコミュニケーションにつなげていこうとする初学者向けの教科書です。文法のポイントを確実に身につけ、実際に使えるようにさまざまな工夫をこらしました。

- ひとつの課は、4つの部分より構成されています。フランス語のGrammaireと、そのExercices、DialogueとActivitésです。
- Grammaireでは複合過去、半過去、単純未来、条件法現在までを取り上げました。自然に学べる配列になっています。
- Exercicesでは、Grammaireで学んだ知識が無理なく定着するよう、効果的に繰り返し練習します。
- Dialogueでは、近くに座っている人との実際のやりとりを通して、コミュニケーションにトライします。
- Activitésでは、ペア練習に加えて聞き取りや作文など、幅広いフランス語の運用を試みます。
- 語彙は、カテゴリーごとにバランスよく並べ、親しみやすいイラストや写真をつけています。
- Appendiceは、おもに文法事項の補足をしています。巻末の「チャレンジ」は、中級への橋渡しを意識しています。

　学ぶ際には、まちがいを恐れずに、積極的にやり取りに参加してください。この教科書を十分に活用し、必要なことを身につければ、フランス語の実力は自ずと培われるでしょう。
　フランス語を学ぶことを通して、多様な文化、多様な世界にふれていきましょう。

　本書の企画から完成に至るまで、朝日出版社編集部の山田敏之さんにはひとかたならぬお心遣いを賜りました。心より御礼申し上げます。

2022年9月
著者一同

目次

Leçon 0

Bonjour !

1　あいさつ
1-2

音声を聞いて発音してみましょう。どんな意味か当ててみましょう。

Bonjour.

Bonsoir.

Salut.

Ça va ?

Très bien, merci.

Et vous ? Et toi ?

Excusez-moi.

Pardon.

Au revoir.

À bientôt.

2　アルファベ
1-3

A a　B b　C c　D d　E e　F f　G g　H h　I i　J j　K k　L l　M m
N n　O o　P p　Q q　R r　S s　T t　U u　V v　W w　X x　Y y　Z z

自分の名前、近くに座っている人の名前をアルファベで言ってみましょう。

Comment ça s'écrit, ton prénom et ton nom ?
Mon prénom est KANAKO.　　Ça s'écrit　K. A. N. A. K. O.
Mon nom est ISHIKAWA.　　Ça s'écrit　I. S. H. I. K. A. W. A.

3　つづり字記号

´	アクサン・テギュ	é	café
`	アクサン・グラーヴ	à, è, ù	où
^	アクサン・シルコンフレクス	â, ê, î, ô, û	flûte
¸	セディーユ	ç	ça
¨	トレマ	ë, ï, ü	Noël
'	アポストロフ	l'ami, j'ai, c'est ...	
–	トレ・デュニオン	peut-être	

写真に書かれているアルファベを声に出して読んでみましょう。

4 つづり字の読み方のポイント 1-4

◉ 以下は聞いたことがあるフランス語の単語かもしれません。音声を聞いて発音とつづり字の読み方を確認してみましょう。

sauce	croissant	pain	rouge	chocolat
restaurant	menu	château	café au lait	nouveau
pot-au-feu	crayon	dessin	maison	champagne

◉ フランス語のつづり字の読み方をマスターするのは難しいかもしれませんが、少しずつ覚えていきましょう。以下ではポイントを絞って紹介します。

・語末の**e**は発音しない。　　　　　　　　　　　sauc**e**, roug**e**

・**ou**は[u]、**u**は[y]と発音する。　　　　bonj**ou**r, r**ou**ge, v**ou**s　　　　men**u**, sal**u**t

・**ai**は[E]と発音する。　　　　　　　　　　m**ai**son, café au l**ai**t

・**au**, **eau**は[O]と発音する。　　　　　　pot-**au**-feu, rest**au**rant, s**au**ce, nouv**eau**, ch**âteau**

・**eu**, **œ**, **œu**は[Ø]と発音する。　　　　pot-au-f**eu**, p**eu**, **œ**il, s**œu**r, **œu**f

・**oi**は[wa]と発音する。　　　　　　　　　cr**oi**ssant, m**oi**, t**oi**

・**on**, **om**は[ɔ̃]と発音する。　　　　　　mais**on**, cray**on**, n**om**

・**an**, **am**, **en**, **em**は[ɑ̃]と発音する。　　crois**an**t, ch**am**pagne

・**in**, **im**, **ain**, **aim**, **ein**, **un**, **um**は[ɛ̃]と発音する。　dess**in**, m**ain**, pl**ein**, l**un**di, parf**um**

・語末の子音字は基本的に発音しない。　　　chocola**t**, croissan**t**, café au lai**t**, gran**d**, vacance**s**

　※ただし、c, r, f, l は発音することが多い。　ave**c**, bonjou**r**, che**f**, journa**l**

・**ch**は[ʃ]と発音する。　　　　　　　　　**ch**âteau, **ch**ampagne

・**gn**は[ɲ]と発音する。　　　　　　　　　champa**gne**

5 アンシェヌマン、エリジオン、リエゾン 1-5

◉ **アンシェヌマン**

発音する語末の子音を、次の語のはじめの母音とつなげて発音する。

une [yn] + amie [ami] → une amie [y na mi]　　　　il [il] + a [a] → il a [i la]

◉ **エリジオン**

ce, de, je, me, te, se, le, la, ne, que, siのあとに、母音字または無音のhで始まる語がくる場合、語末の母音字を省略してアポストロフでおきかえる。（siはil, ilsの前のみ）

je aime → j'aime　　　　　　　ce est → c'est　　　　　　que il → qu'il

le ami → l'ami　　　　　　　la amie → l'amie　　　　　si il → s'il

◉ **リエゾン**

発音しない語末の子音字を、次の語のはじめの母音とつなげて発音する。

des [de] enfants [ɑ̃fɑ̃] → des enfants [dezɑ̃fɑ̃]　　　un [ɛ̃] ami [ami] → un ami [ɛ̃nami]

6 無音のhと有音のh 1-6

フランス語では、hを発音しない。ただし、語頭のhは2つのタイプに区別される。

◉ 無音のh：エリジオン、リエゾンをする。　　l'hôpital　　　les hommes

◉ 有音のh：エリジオンもリエゾンもしない。　le hasard　　　les héros

Leçon 1
Qu'est-ce que c'est ?

1-7

1 名詞の性

◉ すべての名詞は男性名詞 (m.) か女性名詞 (f.) に分けられる。

男性名詞 (m.)	père	父	livre	本	soleil	太陽	étudiant 男子学生
女性名詞 (f.)	mère	母	table	テーブル	lune	月	étudiante 女子学生

1-8

2 名詞の数

◉ 複数形は単数形にsをつけて作る。複数形のsは発音しない。ただし、例外もある。

単数		複数	単数			複数
garçon	少年	garçon**s**	oiseau	鳥	→	oiseau**x**
fille	少女	fille**s**	fils	息子	→	fils

1-9

3 不定冠詞

◉ 数えられる、不特定の名詞につける。

	単数	複数
男性 (m.)	un	des
女性 (f.)	une	

un livre	本	**des** livres	
un étudiant	男子学生	**des** étudiants	
une maison	家	**des** maisons	
une étudiante	女子学生	**des** étudiantes	

1-10

4 定冠詞

◉ 数えられる、特定の名詞につける。
◉ le, la：直後の名詞が母音字または無音のhで始まる場合、エリジオンしてl'になる。

	単数	複数
男性 (m.)	le (l')	les
女性 (f.)	la (l')	

le livre	**les** livres
l'étudiant	**les** étudiants
la maison	**les** maisons
l'étudiante	**les** étudiantes

1-11

5 提示表現 c'est / ce sont...

◉ c'est ＋単数名詞：「それは〜だ」、ce sont ＋複数名詞：「それらは〜だ」
◉ 主語の指示代名詞ce「それは」「それらは」は単数・複数同形。

C'est un stylo.　　　**C'est** une clé.　　　**Ce sont** des chats.

Grammaire & Exercices ◀ 1

1 男性名詞 (m.) か女性名詞 (f.) かを調べ、単語の意味も調べましょう。

Ex. maison → (*f.*) (家)
1. chaise → ( ) ( )
2. boîte → ( ) ( )
3. cahier → ( ) ( )
4. table → ( ) ( )
5. papier → ( ) ( )

2 名詞の単数形を複数形に、複数形を単数形にしましょう。

1. une pomme _____
2. un croissant _____
3. des livres _____
4. un étudiant _____
5. la voiture _____
6. l'hôtel _____
7. les universités _____
8. le musée _____

3 不定冠詞を定冠詞に、定冠詞を不定冠詞にしましょう。

1. une orange _____
2. un train _____
3. le portable _____
4. des crayons _____
5. la clé _____
6. les amis _____
7. une église _____
8. un taxi _____

4 c'estまたはce sontを入れましょう。

1. ( ) des chiens.
2. ( ) un café.
3. ( ) un journaliste.
4. ( ) des pâtissières.
5. ( ) une montre.

5 例にならって下線部を変えましょう。

Ex. A : Qu'est-ce que c'est ?　それは何ですか。
　　B : C'est une montre. C'est la montre de Jean.

Ex. 　　1. 　　2. 　　3. 　　4. 　　5.

une montre　　un sac　　une gomme　　un crayon　　des voitures　　des oiseaux

🎧 1-12 **1** ペアになって言ってみましょう。

A：Le Louvre, qu'est-ce que c'est ?
B：C'est un musée.

A：La Concorde, qu'est-ce que c'est ?
B：C'est une place.

A：Les Alpes, qu'est-ce que c'est ?
B：Ce sont des montagnes.

2 例にならって言ってみましょう。

Ex. La tour Eiffel, qu'est-ce que c'est ?（un monument）
— C'est un monument. C'est en France, à Paris.

1. L'Arc de Triomphe, qu'est-ce que c'est ?（un monument）
— C'est _____.

2. Notre-Dame, qu'est-ce que c'est ?（une cathédrale）
— C'est _____.

3. Le Centre Pompidou, qu'est-ce que c'est ?（un musée）
— C'est _____.

🎧 1-13 **3** 近くに座っている人と、下線部を変えて言ってみましょう。

A：Qu'est-ce que c'est ?
B：C'est <u>le musée d'Orsay</u>.
A：<u>Le musée d'Orsay</u> ?
B：C'est <u>un musée</u> de Paris.

<table>
<tr><td>la place de la Concorde</td><td>l'Arc de Triomphe</td><td>le Centre Pompidou</td></tr>
</table>

<table>
<tr><td>le musée du Louvre</td><td>la tour Eiffel</td><td>Notre-Dame de Paris</td></tr>
</table>

4 例にならって複数形にして言いましょう。

Ex. C'est un sac. → Ce sont des sacs.

1. C'est une montre.　　　→
2. C'est un crayon.　　　→
3. C'est un appartement.　→
4. C'est une gomme.　　　→

1 聞こえたものにチェックを入れましょう。 🎧 1-14

1. Frédéric Chopin, c'est ......
   □ un étudiant　　　□ un pianiste　　　□ un président
2. Qu'est-ce que c'est ?　C'est ......
   □ l'Arc de Triomphe　□ le mont Saint-Michel　□ le Louvre
3. Qu'est-ce que c'est ?　Ce sont ......
   □ des légumes　　　□ des fruits　　　□ des pommes
4. Qui est-ce ?　C'est ......　　　　　**Qui est-ce ?** : それは誰ですか。
   □ Pablo Picasso　　□ Agatha Christie　　□ Victor Hugo

2 音声を聞いて左右を結びましょう。 🎧 1-15

1. Qui est-ce ?　　　　　　・　　　　・ C'est le musée Picasso.
2. Qu'est-ce que c'est ? ・　　　　・ C'est Sophie Marceau.
3. Qu'est-ce que c'est ? ・　　　　・ C'est Napoléon Bonaparte.
4. Qui est-ce ?　　　　　　・　　　　・ Ce sont des monuments de Paris.

3 聞こえた方を選びましょう。 🎧 1-16

1. C'est (une / un) étudiant.
2. C'est (le / la) crayon de Marie.
3. (C'est / Ce sont) les livres de Jean.
4. La (pomme / montre) est un fruit.

4 フランス語にしましょう。

1. これは病院です。
2. それは誰ですか？　ナポレオン・ボナパルト（Napoléon Bonaparte）です。

✓ 数字0〜10 🎧 1-17

0 zéro　1 un　2 deux　3 trois　4 quatre　5 cinq　6 six　7 sept　8 huit　9 neuf　10 dix

5 聞こえた式を書きましょう。 🎧 1-18

Ex. (quatre plus deux égale six) 4 + 2 = 6

1.
2.
3.
4.
5.

6 聞こえたものにチェックを入れましょう。 🎧 1-19

□ deux oranges　　□ cinq étudiantes　　□ dix appartements
□ huit musiciens　　□ trois maisons　　□ quatre euros

Tu es français ?

1 主語人称代名詞

	単数		複数	
1人称	je (j')	私は	nous	私たちは
2人称	tu	君は (vous あなたは)	vous	君たちは / あなたたちは
3人称 (男性)	il	彼は / それは	ils	彼らは / それらは
3人称 (女性)	elle	彼女は / それは	elles	彼女らは / それらは

◉ tuは友人や家族などの親しい間柄で用いられる。

◉ vousは単数・複数のどちらも表し、単数の意味では敬称「あなたは」として用いられる。

◉ 3人称 (il, ils, elle, elles) は、人・事物のいずれについても用いられる。

◉ 親しい間の会話ではnousの代わりにonを使用することがある。動詞の活用は3人称単数形になる。

2 動詞êtreの直説法現在

◉ êtreは「ある」「存在する」「〜である」などの意味を表す。

être		êtreの否定形	
je suis	nous sommes	je **ne** suis **pas**	nous **ne** sommes **pas**
tu es	vous êtes	tu **n'**es **pas**	vous **n'**êtes **pas**
il est	ils sont	il **n'**est **pas**	ils **ne** sont **pas**
elle est	elles sont	elle **n'**est **pas**	elles **ne** sont **pas**

Je **suis** japonais.

Tu **es** étudiant ?

Sylvain et Michel **sont** à Lyon.

3 国籍・職業を表す名詞

◉ 女性形は〈男性形＋e〉で作る。ただし、例外もある。

étudiant → étudiant**e**　　　　professeur → professeur**e**

japonais → japonais**e**　　　　français　→ français**e**

◉ -eで終わる場合は男女同形。

artiste　　　journaliste　　　pianiste

4 否定形

◉ 否定形は、動詞をneとpasではさんで作る。

主語＋**ne (n')**＋動詞＋**pas**　　　　　　　Je **ne** suis **pas** étudiant.

◉ ne：直後の動詞が母音字または無音のhで始まる場合、エリジオンしてn'になる。

Elle **n'**est **pas** américaine.　　　Ce **n'**est **pas** un sac.

Grammaire & Exercices 2

1 êtreを現在形に活用させましょう。

1. Ils _____ coréens.

2. Tu _____ française.

3. Vous _____ ingénieur.

4. Elles _____ anglaises.

5. Nous _____ étudiants.

6. Il _____ chanteur.

2 主語に合わせて（　　）内の名詞を適切な形にしましょう。

1. Nous sommes _____.　　　　　　　〈 espagnol 〉

2. Elle est _____.　　　　　　　　　〈 américain 〉

3. Ils sont _____.　　　　　　　　　〈 portugais 〉

4. Elles sont _____.　　　　　　　　〈 étudiant 〉

5. Vous êtes _____.　　　　　　　　〈 artiste 〉

6. Elle est _____.　　　　　　　　　〈 japonais 〉

7. Elles sont _____.　　　　　　　　〈 chinois 〉

3 次の文を否定形にしましょう。

1. Je suis journaliste.　　　　　→

2. Ils sont en France.　　　　　　→

3. Elle est actrice.　　　　　　　→

4. C'est la maison d'Emma.　　　→

5. Nous sommes françaises.　　　→

6. Ce sont les parents de Paul.　→

7. Tu es de Tokyo.　　　　　　　→

Dialogue（ペア練習）②

1 近くに座っている人とお互いを紹介する会話文を完成させましょう。

A：Bonjour.

B：Bonjour.

A：Vous vous appelez comment ?

B：Je m'appelle _____. Et vous ?

A：Je m'appelle _____. Vous êtes d'où ?

B：Je suis de _____. Et vous ?

A：Je suis de _____. Vous êtes étudiant(e) ?

B：_____. Et vous ?

A：_____.

être de ～：～出身です
où：どこ

2 下の語彙を使ってフランス語で紹介しましょう。

Il s'appelle ... Il est ...
Elle s'appelle ... Elle est ...

Prénom	Nationalité	Profession
Arthur	🇫🇷	infirmier
Samantha	🇺🇸	ingénieure
Soo-hyun	🇰🇷	chanteur
Angela	🇩🇪	lycéenne
Xavier	🇨🇦	acteur

3 2の選択肢から一人選びましょう。例にならい、ペアの相手が選んだ人物が誰かをあててみましょう。

Ex.

A：Elle est ingénieure ?

B：Non. Elle n'est pas ingénieure.

A：Elle est lycéenne ?

B：Oui, elle est lycéenne. C'est Angela.

【国籍・職業】

国籍		職業	
japonais / japonaise	allemand / allemande	étudiant / étudiante	chanteur / chanteuse
français / française	américain / américaine	employé / employée	vendeur / vendeuse
chinois / chinoise	coréen / coréenne	ingénieur / ingénieure	acteur / actrice
anglais / anglaise	canadien / canadienne	écrivain / écrivaine	infirmier / infirmière
portugais / portugaise	russe	lycéen / lycéenne	médecin

1 聞こえた方にチェックを入れましょう。 1-27

1. ☐ Je suis de Tokyo.   ☐ Je ne suis pas de Tokyo.
2. ☐ Elle est chinoise.   ☐ Elle n'est pas chinoise.
3. ☐ Ils sont acteurs.   ☐ Ils ne sont pas acteurs.
4. ☐ C'est un chien.   ☐ Ce n'est pas un chien.
5. ☐ Vous êtes vendeurs.   ☐ Vous n'êtes pas vendeurs.

2 それぞれの人物の自己紹介を聞いて表を完成させましょう。 1-28

Prénom	Nationalité	Profession
1. Carlos		
2. Irina		
3. Bob		
4. Melissa		

3 まずは質問に口頭で答えましょう。その後で、答えを書いてみましょう。

1. Tu es français(e) ? _____
2. Tu es étudiant(e) ? _____
3. Tu es canadien(ne) ? _____
4. Tu es de Nagoya ? _____
5. Tu es japonais(e) ? _____

✓ 数字11〜20 1-29

11 onze   12 douze   13 treize   14 quatorze   15 quinze
16 seize   17 dix-sept   18 dix-huit   19 dix-neuf   20 vingt

4 聞こえた式を書きましょう。 1-30

Ex. (dix-huit moins deux égale seize) $18 - 2 = 16$

1.
2.
3.
4.

Leçon 3

Je parle français.

1-31

1 -er動詞（第1群規則動詞）の直説法現在

語幹：不定詞からerを取った部分

parler	→	parl
aimer	→	aim
habiter	→	habit

活用語尾

je (j')—e	nous—ons
tu—es	vous—ez
il/elle—e	ils/elles—ent

parler

je parle	nous parlons
tu parles	vous parlez
il/elle parle	ils/elles parlent

Je **parle** japonais.
Elle ne **parle** pas anglais.

aimer

j'aime	nous aimons
tu aimes	vous aimez
il/elle aime	ils/elles aiment

aimerの否定形

je n'aime pas	nous n'aimons pas
tu n'aimes pas	vous n'aimez pas
il/elle n'aime pas	ils/elles n'aiment pas

habiter

j'habite	nous habitons
tu habites	vous habitez
il/elle habite	ils/elles habitent

J'**aime** les fleurs.
Il **aime** le cinéma.

Je n'**aime** pas les fleurs.
Il n'**aime** pas le cinéma.

J'**habite** à Paris.
Ils n'**habitent** pas à Tokyo.

1-32

2 疑問文

◉ 文末のイントネーションを上げて発音する。

Vous parlez français ?   Tu es étudiant ?   Elle est étudiante ?

◉ 文頭にEst-ce que をつける。

Est-ce que vous parlez français ?   **Est-ce que** tu es étudiant ?
Est-ce qu'elle est étudiante ?

1-33

3 形容詞

◉ 位置：名詞の後ろに置く。ただし、一部の形容詞は名詞の前に置く。
◉ 形容詞の性・数一致：形容詞は修飾する名詞の性・数に一致させる。

形容詞の変化

	単数	複数
男性形	allemand 男性形・単数	allemand**s** 男性形・単数＋s
女性形	allemand**e** 男性形・単数＋e	allemand**es** 男性形・単数＋e＋s

un vélo allemand   des vélos allemand**s**
une montre allemand**e**   des montres allemande**s**

例外的な女性形の例　　　　　p.20**2**参照
rouge → rouge（男性形・単数がeで終わる場合は男女同形）
bon → bonne
sportif → sportive

名詞の前に置く一部の形容詞の例

petit(e)	grand(e)	joli(e)
bon(ne)	mauvais(e)	jeune

un petit vélo   **de** petit**s** vélos
une petit**e** montre   **de** petit**es** montres

◉ 名詞の前に置く一部の形容詞の場合、不定冠詞desはdeになる。

✕ des petit**s** vélos   ○ **de** petit**s** vélos   ✕ des petit**es** montres   ○ **de** petit**es** montres

1 現在形に活用させましょう。

1. chercher　2. marcher　3. travailler　4. aimer　5. étudier　6. habiter

2 〈　〉内の動詞を現在形に活用させましょう。

1. Je _____ japonais.　　　　　　〈 parler 〉
2. J' _____ à Tokyo.　　　　　　〈 habiter 〉
3. Je n' _____ pas le chinois.　　〈 étudier 〉
4. Elle _____ dans un café.　　　〈 travailler 〉
5. Paul _____ les chiens.　　　　〈 aimer 〉
6. Vous _____ la radio ?　　　　〈 écouter 〉
7. Est-ce que tu _____ un stylo ?　〈 chercher 〉
8. Paul et Sophie _____ beaucoup ?　〈 marcher 〉

3 質問に答えましょう。

1. Tu travailles ?　　　　　　　　Oui, _____.
　　　　　　　　　　　　　　　　　Non, _____.

2. Vous parlez français ?　　　　Oui, _____.
　※この場合の「vous」は「あなたたちは」とする　Non, _____.

3. Est-ce que tu aimes les chats ?　Oui, _____.
　　　　　　　　　　　　　　　　　Non, _____.

4. Est-ce qu'elle chante bien ?　　Oui, _____.
　　　　　　　　　　　　　　　　　Non, _____.

4 〈　〉内の形容詞を名詞の性・数に一致させましょう。

1. un pantalon _____　〈 noir 〉　　5. une montre _____　〈 rouge 〉
2. une jupe _____　　〈 noir 〉　　6. une femme _____　〈 sportif 〉
3. des étudiants _____　〈 intelligent 〉 7. des femmes _____　〈 sportif 〉
4. des étudiantes _____　〈 intelligent 〉 8. des vélos _____　〈 chinois 〉

5 〈　〉内の形容詞を名詞の性・数に一致させ正しい位置に置き、全体を書き改めましょう。

1. un vélo　　　　　　〈 petit 〉　　→
2. une maison　　　　〈 grand 〉　　→
3. des maisons　　　　〈 grand 〉　　→
4. C'est une voiture.　〈 rouge 〉　　→
5. C'est un étudiant.　〈 bon 〉　　　→
6. Ce sont des étudiantes. 〈 bon 〉　→

Dialogue（ペア練習）③

1 話す言語、勉強している言語について言いましょう。

A : Est-ce que vous parlez japonais ?

B : Non, je ne parle pas japonais. Moi, je parle français et anglais. J'étudie l'anglais.

A : Est-ce que tu parles japonais ?

B : Oui, je parle japonais. J'étudie le japonais et le coréen.

言語名を確認しましょう。（言語名は全て男性名詞）

le français		le coréen	
l'anglais		le portugais	
le chinois		l'espagnol	
le japonais		l'allemand	

parler＋言語名：～語を話す

※一般的に、「～語を話す」と言う場合、言語名に定冠詞はつけない。

2 好きなものについて言いましょう。

A : Vous aimez les pommes ?

B : Oui, j'aime ça. Et vous ?

A : Moi aussi.

A : Est-ce que tu aimes le chocolat ?

B : Non, je n'aime pas ça. Et toi ?

A : Moi non plus.

aimer＋定冠詞＋名詞：～が好き

※可算名詞の場合は複数形、不可算名詞の場合は単数形。

ça

※繰り返しを避けるため、会話でよく使われる代名詞。

Vous aimez les pommes ? — Oui, j'aime ça (＝les pommes).

Moi aussi：私もそうです（肯定に対する同意）

Moi non plus：私もそうじゃないです（否定に対する同意）

【好きなもの】

la musique　le cinéma　le théâtre　la lecture　le vin　le café　le chocolat　les pommes　les pâtisseries

les jeux vidéo　les mangas　les fleurs　les chiens　les chats　le football　le basketball　le yoga　la danse

3 住んでいる都市について言いましょう。

A : Est-ce que vous habitez à Paris ?

B : Oui, j'habite à Paris. Et vous ?

A : Moi aussi, j'habite à Paris.

A : Tu habites à Osaka ?

B : Non, je n'habite pas à Osaka. Et toi ?

A : Moi non plus, je n'habite pas à Osaka. J'habite à Kyoto.

habiter à＋都市名：～に住んでいます

※都市名に冠詞はつけない。

【都市名】

Paris　　Londres　　Pékin　　Séoul　　New York　　Montréal

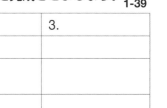

Activités （ペア練習、聞き取り、作文） 3

1 自分が話す言語、好きなもの、住んでいる都市を設定しましょう。例にならい、相手の設定が当たるまで繰り返し相手に質問し、表を完成させましょう。（質問には文で答えること）

Ex. Est-ce que vous parlez allemand ?　　— Non, je ne parle pas allemand.
　　Est-ce que vous parlez chinois ?　　— Non, je ne parle pas chinois.
　　Est-ce que vous parlez français ?　　— Oui, je parle français.

相手の名前	Ex. Paul			
話す言語（2つ）	le français			
好きなもの（3つ）				
住んでいる都市				

2 3人が自己紹介をしています。音声を聞き、例にならって表を完成させましょう。 1-39

名前	Ex. Eri	1.	2.	3.
国籍	japonaise			
話す言語	le japonais le coréen			
好きなもの	le vin la musique			
住んでいる都市	Nagoya			

3 **2**で完成させた表を元に、3人を紹介する文をフランス語で書きましょう。（主語は3人称にすること）

1. _____

2. _____

3. _____

✓ 数字20～39 1-40

20 vingt	21 vingt-et-un	22 vingt-deux	23 vingt-trois	... 28 vingt-huit	29 vingt-neuf
30 trente	31 trente-et-un	32 trente-deux	33 trente-trois	... 38 trente-huit	39 trente-neuf

4 音声を聞いて金額を書きましょう。 1-41

Ex. 21 euros, s'il vous plaît.

1.　　　　　　　　　　　　　　3.

2.　　　　　　　　　　　　　　4.

Leçon 4

Il a des amis.

1-42

1 動詞avoirの直説法現在

avoir		avoirの否定形	
j'ai	nous avons	je n'ai pas	nous n'avons pas
tu as	vous avez	tu n'as pas	vous n'avez pas
il/elle a	ils/elles ont	il/elle n'a pas	ils/elles n'ont pas

J'**ai** 18 ans.
Tu **as** 19 ans ?
Ils **ont** une maison.

1-43

2 否定のde

◉ 直接目的補語につく不定冠詞、部分冠詞*は、否定文ではde (d') になる。　*p.24 **2** 参照

J'ai une voiture.　→　Je n'ai pas **de** voiture.

Elles ont des livres.　→　Elles n'ont pas **de** livres.

Il a des amis.　→　Il n'a pas **d'**amis.

1-44

3 否定疑問文とその答え方

Vous n'avez pas de chien ?

— **Si**, j'ai un chien.

— Non, je n'ai pas de chien.

Vous n'avez pas d'enfants ?

— **Si**, j'ai deux enfants.

— Non, je n'ai pas d'enfants.

1-45

4 avoirを用いた非人称構文　il y a...

Il y a une pomme.　→　**Il n'y a pas** de pomme.

Il y a des garçons.　→　**Il n'y a pas** de garçons.

1-46

5 人称代名詞の強勢形

	単数		複数	
1人称	je → moi		nous → nous	
2人称	tu → toi		vous → vous	
3人称（男性）	il → lui		ils → eux	
3人称（女性）	elle → elle		elles → elles	

Moi, je suis fatigué. Et **toi** ?

Vous êtes chez **vous** ?

Ce stylo est à **lui**.

Grammaire & Exercices ⟨4⟩

1 avoirを現在形に活用させましょう。

1. Il _____ un frère.
2. Vous _____ beaucoup de livres.
3. Tu _____ une voiture bleue.
4. Nous n' _____ pas de livres.

5. Elles _____ des valises.
6. J' _____ des amis japonais.
7. Nous _____ des questions.
8. Il y _____ des lunettes.

2 質問に否定形で答えましょう。

1. Tu as un stylo ?   Non, _____ .
2. Vous avez un chat ?   Non, _____ .
3. Il a des enfants ?   Non, _____ .
4. Elles ont des livres ?   Non, _____ .
5. Ils ont une télévision ?   Non, _____ .
6. Elle a une voiture ?   Non, _____ .

3 質問に答えましょう。

1. Elle n'a pas de frères ?   Si, _____ .
   Non, _____ .

2. Tu n'as pas de chiens ?   Si, _____ .
   Non, _____ .

3. Ils n'ont pas d'enfants ?   Si, _____ .
   Non, _____ .

4. Elles n'ont pas de valises noires ?   Si, _____ .
   Non, _____ .

5. Il n'a pas de livres français ?   Si, _____ .
   Non, _____ .

4 ( ) に適切な強勢形を入れましょう。

1. (_____) aussi, tu as un frère ? 〈君〉
2. Il est chez (_____). 〈彼〉
3. La clé est à (_____). 〈私〉
4. Est-ce qu'ils sont chez ses parents ? Oui, ils sont chez (_____). 〈彼ら〉
5. (_____) aussi, elles ont 20 ans. 〈彼女たち〉

Dialogue（ペア練習） 4

🎧 1-47 **1** ペアになって言ってみましょう。

A : Vous avez quel âge ?
B : J'ai dix-huit ans. Et vous ?

A : Tu as quel âge ?
B : J'ai dix-neuf ans. Et toi ?

🎧 1-48 【発音しましょう】

1 un an	2 deux ans	3 trois ans	4 quatre ans	5 cinq ans
6 six ans	7 sept ans	8 huit ans	9 neuf ans	10 dix ans
11 onze ans	12 douze ans	13 treize ans	14 quatorze ans	15 quinze ans
16 seize ans	17 dix-sept ans	18 dix-huit ans	19 dix-neuf ans	20 vingt ans

🎧 1-49 **2** ペアになって言ってみましょう。

A : Il y a un chat dans le jardin ?
B : Oui, il y a un chat dans le jardin.
A : Merci.

A : Est-ce qu'il y a une église près d'ici ?
B : Non, il n'y a pas d'église près d'ici.   **près d'ici** : この近くに
A : Merci.

🎧 1-50 **3** 下の語彙を使ってペアでやり取りしてみましょう。

A : Est-ce que vous avez un ordinateur ?
B : Oui, j'ai un ordinateur. Et vous ?
A : Moi aussi.

A : Tu as un ordinateur ?
B : Non, je n'ai pas d'ordinateur. Et toi ?
A : Moi non plus.

🎧 1-51 【身の回りのもの】

une trousse	un crayon	un cahier	un stylo	une gomme	une montre	un agenda

une clé	un sac	un sac à dos	un portefeuille	un ordinateur	un portable	une valise

18

Activités （ペア練習、聞き取り、作文） **4**

1 音声を聞いて表を完成させましょう。 **1-52**

frère：兄弟　　　sœur：姉妹　　　lapin：ウサギ

名前	Yukiko	Jean	Sophie
年齢			
兄弟			
ペット			

2 **1**で完成させた表を元に、**Yukiko**、**Jean**、**Sophie**について正しければvrai、間違っていればfauxを選びましょう。

1. Yukiko a vingt-deux ans.   vrai / faux
2. Jean n'a pas de sœur.   vrai / faux
3. Sophie a des oiseaux.   vrai / faux
4. Yukiko n'a pas de lapin.   vrai / faux
5. Sophie a un frère et une sœur.   vrai / faux

3 **Louis**と**Chloé**の年齢、兄弟、ペットについて、隣の人とフランス語で相談しながら表に書き入れましょう。

Ex. Tomoko a dix-neuf ans ? — Oui.　　Tomoko a un frère ou une sœur ? — Une sœur.
　　Tomoko a des oiseaux ? — Non, elle a deux chiens.

相手の名前	Ex. Tomoko	Louis	Chloé
年齢	dix-neuf ans		
兄弟	une sœur		
ペット	deux chiens		

✓ 数字40〜59 **1-53**

40 quarante	41 quarante-et-un	42 quarante-deux	43 quarante-trois ...
48 quarante-huit	49 quarante-neuf	50 cinquante	51 cinquante-et-un
52 cinquante-deux	53 cinquante-trois ...	58 cinquante-huit	59 cinquante-neuf

4 解答をフランス語で計算して書きましょう。

1. Douze + trente =
2. Quarante-trois − vingt-cinq =
3. Trente − sept =
4. Soixante-huit − vingt-quatre =

5 音声を聞いて金額を書きましょう。 **1-54**

1.
2.
3.
4.

Leçon **4** Il a des amis.

19

Leçon 5

Vous avez quel âge ?

1-55

1 所有形容詞

● 「私の〜」「あなたの〜」などを意味する。直後の名詞の性・数に応じて変化する。

● ma, ta, sa：直後の名詞が母音字または無音のhで始まる場合、男性・単数を使用する。

	男性・単数	女性・単数	複数
私の	mon	ma (mon)	mes
君の	ton	ta (ton)	tes
彼の / 彼女の	son	sa (son)	ses
私たちの	notre		nos
あなたの / あなたたちの / 君たちの	votre		vos
彼らの / 彼女らの	leur		leurs

Mon père habite à Tokyo avec **ma** mère et **mon** frère.   Je n'aime pas **leurs** voitures.

Mon amie s'appelle Chloé.   Elle donne son adresse à **ses** amis.

1-56

2 形容詞の女性形

(1) e をつける	petit → petite grand → grande âgé → âgée poli → polie bavard → bavarde
(2) -e で終わるものは男女同形	jeune, mince, sympathique, timide, honnête, modeste
(3) -eux → -euse	heureux → heureuse sérieux → sérieuse
(4) -f → -ve	actif → active positif → positive
(5) 特殊な変化をするもの	gentil → gentille beau → belle

Lola est très sérieuse.   Leurs filles sont polies et gentilles.

1-57

3 疑問形容詞

● 名詞を修飾して「どんな〜？」という意味になる用法と、「〜は何？」という意味になる用法がある。関係する名詞の性・数に応じて変化する。

	単数	複数
男性形	quel	quels
女性形	quelle	quelles

Tu aimes **quels** sports ?

Elle a **quel** âge ?

Il est **quelle** heure ?

Nous sommes **quel** jour ?

Quelle est votre nationalité ?

Quels sont ses loisirs ?

Grammaire & Exercices 5

1 （　　）に適切な所有形容詞を入れましょう。

1. (　　　　　) frère est étudiant, et (　　　　　) sœur est lycéenne.　〈 私の 〉
2. Est-ce qu'il habite seul ou chez (　　　　　) parents ?　〈 彼の 〉
3. Vous avez (　　　　　) carte d'identité ?　〈 あなたの 〉
4. Nous avons (　　　　　) passeports.　〈 私たちの 〉
5. (　　　　　) parents sont grands.　〈 君たちの 〉
6. Je cherche (　　　　　) portable.　〈 彼女の 〉
7. (　　　　　) amie habite à Montréal ?　〈 君の 〉

2 〈　　〉内の形容詞を適切な形にしましょう。

1. Lola est très _____.　〈 sportif 〉
2. Claire est _____.　〈 joyeux 〉
3. Ces dames sont très _____.　〈 gentil 〉
4. Elles sont _____.　〈 timide 〉
5. Mathilde est très _____.　〈 grand 〉
6. Elle est _____.　〈 jeune 〉
7. Maria et Melissa sont _____.　〈 beau 〉
8. Hélène n'est pas _____.　〈 grand 〉
9. Elles sont très _____.　〈 poli 〉

3 （　　）に適切な疑問形容詞を入れましょう。

1. (　　　　　　　) est ta date de naissance ?
2. Vous aimez (　　　　　　　) films ?
3. (　　　　　　　) est votre prénom ?
4. Tu aimes (　　　　　　　) genre de musique ?
5. Tu préfères (　　　　　　　) couleur ?
6. (　　　　　　　) est votre ville d'origine ?
7. (　　　　　　　) sont vos passions ?
8. (　　　　　　　) est sa profession ?

🗨 Dialogue (ペア練習) 5

1 日付や曜日の言い方を練習しましょう。

A : Quelle est la date de ton anniversaire ?

B : C'est le _____.

le premier janvier : 1月1日
※1日（ついたち）のみ le premier を用いる。

A : Nous sommes quel jour de la semaine ?

B : Nous sommes _____.

1-58

janvier	1月	février	2月	mars	3月	avril	4月
mai	5月	juin	6月	juillet	7月	août	8月
septembre	9月	octobre	10月	novembre	11月	décembre	12月

1-59

lundi	月曜日	mardi	火曜日	mercredi	水曜日	jeudi	木曜日
vendredi	金曜日	samedi	土曜日	dimanche	日曜日		

2 近くに座っている人の誕生日を聞いてみましょう。

Quelle est la date de ton anniversaire ?

Moi			

3 近くに座っている人と、年齢、誕生日、話すことができる言語、好きなスポーツと音楽を質問し合い、対話文を完成させましょう。

A : Tu as quel âge ?

B : Moi, j'ai _____. Et toi ?

A : J'ai _____. Quelle est la date de ton anniversaire ?

B : C'est le _____. Et toi ?

A : Moi, c'est le _____. Tu parles quelles langues ?

B : Je parle _____. Et toi ?

A : Moi, je parle _____.

B : Tu aimes quels sports ?

A : J'aime _____. Et toi ?

B : Moi, j'aime _____.

A : Tu aimes quel genre de musique ?

B : Moi, j'aime _____. Et toi ?

A : J'aime _____.

【スポーツ・音楽】

1-60

1-61

スポーツ			音楽	
le football	le basketball	le marathon	la musique classique	le rap
le baseball	le rugby	la natation	la pop	le punk
le tennis	le judo	l'athlétisme	le jazz	le métal
le ski	le golf	le patinage	le rock	la techno

 **Activités** （ペア練習、聞き取り、作文） **5**

1 誕生日を聞き取りましょう。 1-62

A	B	C	D	E

2 音声を聞きながら、メモを取りましょう。誰の説明かを当ててみましょう。 1-63
メモを見て、それぞれの人物を説明してみましょう。

1. 　　　2. 　　　3.

【家族】

le père	la mère	le grand-père	la grand-mère
l'oncle	la tante	le frère	la sœur
le cousin	la cousine		

3 Yusukeが家族の紹介をしています。表を完成させましょう。

J'habite à Nagoya avec mes parents, ma petite sœur et un chien. Mon père s'appelle Hiroki, il a 48 ans. Il est employé. Il est grand et sérieux. Il aime le rock. Ma mère s'appelle Eri. Elle est professeure d'anglais. Elle a 49 ans. Elle est très gentille et sympathique. Elle adore le jazz. Ma sœur s'appelle Yuri. Elle a 13 ans. Elle aime les sports, surtout le tennis et la natation. Elle est collégienne. Mon chien s'appelle Taro. Il a 6 ans. Il est mignon et joyeux. Il aime bien la promenade.

	名前	職業	年齢	その他
父				
母				
妹				
ペット				

4 自分の家族を紹介してみましょう。

 数字60～79 1-64

60 soixante	61 soixante-et-un	62 soixante-deux ...
67 soixante-sept	68 soixante-huit	69 soixante-neuf
70 soixante-dix	71 soixante-et-onze	72 soixante-douze ...
77 soixante-dix-sept	78 soixante-dix-huit	79 soixante-dix-neuf

Leçon
6

Je bois du café.

1-65

1 動詞manger / prendre / boire / faireの直説法現在

manger
je mange	nous mang**e**ons
tu manges	vous mangez
il/elle mange	ils/elles mangent

prendre
je prends	nous prenons
tu prends	vous prenez
il/elle prend	ils/elles prennent

Je **mange** une pomme.
Nous **mange**ons un gâteau.

Tu **prends** ce sac ?
Elle **prend** le déjeuner.

boire
je bois	nous buvons
tu bois	vous buvez
il/elle boit	ils/elles boivent

faire
je fais	nous faisons
tu fais	vous faites
il/elle fait	ils/elles font

Je **bois** un café.
Je **bois** du café.

Il **fait** un gâteau.
Nous **faisons** une promenade.

1-66

2 部分冠詞

● 不特定の、数えられない名詞（1つ、2つ…という「数」としてではなく、「量・程度」として扱う不加算名詞）に付く冠詞。

● 直後の名詞が母音字または無音のhで始まる場合、de l' を使用する。

男性形	女性形	**du** café	**de la** soupe
du	de la	**du** poisson	**de la** viande
(de l')	(de l')	de l'alcool	de l'eau

※否定文では、部分冠詞は否定のdeになる。

Je bois du café. → Je ne bois pas **de** café.

1-67

3 中性代名詞 en

● 限定されていない不特定の直接目的補語である、不定冠詞un / une / des＋名詞、部分冠詞du / de la / de l'＋名詞、否定のde＋名詞 に代わる。

● 数詞＋名詞 に代わる。ただし肯定文の場合、数詞は動詞の後ろに残す。（不定冠詞un / uneは数詞扱い）

● 位置：動詞の前に置かれる。（Il y aの場合はIl y en a）

Tu bois du café ?　　　　　— Oui, je bois **du café**.　　　→ Oui, j'**en** bois.
　　　　　　　　　　　　　— Non, je ne bois pas **de café**.→ Non, je n'**en** bois pas.

Est-ce que tu as un stylo ? — Oui, j'ai **un stylo**.　　　　→ Oui, j'**en** ai **un**.
　　　　　　　　　　　　　— Non, je n'ai pas **de stylo**.　→ Non, je n'**en** ai pas.

Il y a combien de chats ?　— Il y a **deux chats**.　　　　→ Il y **en** a **deux**.
　　　　　　　　　　　　　— Il n'y a pas **de chats**.　　→ Il n'y **en** a pas.

1-68

4 疑問代名詞「何を」

● 「何を」：Qu'est-ce que 主語＋動詞 ?　　　**Qu'est-ce que** tu cherches ?
　　　　　　　　　　　　　　　　　　　　　Qu'est-ce qu'elle cherche ?

1 〈　　〉内の動詞を現在形に活用させましょう。また、（　　）に入る適切な部分冠詞を
入れましょう。

1. Je _____ la cuisine. 〈 faire 〉
2. Qu'est-ce que tu _____ ? 〈 faire 〉
3. Qu'est-ce que tu _____ ? 〈 boire 〉
4. Je _____ (　　　　　) eau. 〈 boire 〉
5. Vous _____ le petit-déjeuner ? 〈 prendre 〉
6. Ils _____ le déjeuner. 〈 prendre 〉
7. Tu _____ (　　　　　) viande ? 〈 manger 〉
8. Nous _____ (　　　　　) poisson. 〈 manger 〉

2 次の文を中性代名詞enを使った文に書き改めましょう。

1. Tu bois du café ?　　　　→
2. J'ai trois sacs.　　　　→
3. Ils ont des enfants.　　　　→
4. Elle mange du chocolat.　　　→
5. Il y a cinq personnes.　　　→

3 中性代名詞enを使って質問に答えましょう。

1. Tu bois de l'alcool ? 　Oui, _____.
　　　　　　　　　　　　　Non, _____.

2. Vous prenez du café ? 　Oui, _____.
　※この場合の「vous」は「あなたたちは」とする
　　　　　　　　　　　　　Non, _____.

3. Est-ce qu'il mange des céréales ? 　Oui, _____.
　　　　　　　　　　　　　Non, _____.

4. Elles mangent du pain ? 　Oui, _____.
　　　　　　　　　　　　　Non, _____.

5. Il y a une baguette ? 　Oui, _____.
　　　　　　　　　　　　　Non, _____.

🎧 1-69

1 食べ物、飲み物について言いましょう。

A : Vous mangez de la viande ?

B : Oui, je mange **de la viande**. → Oui, j'**en** mange.

A : Tu bois du café ?

B : Non, je ne bois pas **de café**. → Non, je n'**en** bois pas.

🎧 1-70

2 普段の食事について言いましょう。

A : En général, qu'est-ce que tu prends le soir ?

B : Je mange de la viande, du riz et des légumes. Et je bois de l'alcool. Et toi ?

A : Moi, je mange du poisson et du pain. Je ne bois pas d'alcool. Je bois du thé vert.

le matin：朝に　　**à midi**：昼に　　**le soir**：夜に

🎧 1-71

【飲物・食物】

le café　le thé vert　le lait　l'eau　l'alcool　le pain　le sandwich　le riz　la soupe miso

la salade　le fromage　le poisson　la viande　les légumes　les fruits　les céréales　les nouilles　les pâtes

🎧 1-72

3 スポーツ、アクティビティ、楽器について言いましょう。　　*p.22**3**参照

faire ＋部分冠詞＋スポーツ / アクティビティ / 楽器：～をする

A : Est-ce que vous faites du jogging ?

B : Oui, je fais souvent **du jogging**. → Oui, j'**en** fais souvent.
　　Non, je ne fais pas **de jogging**. → Non, je n'**en** fais pas.

※頻度の表し方
souvent：よく、頻繁に（＋＋＋）
de temps en temps：時々（＋＋）
parfois：時おり（＋）

🎧 1-73

【趣味】

le jogging　　le yoga　　le vélo　　la musculation　　la randonnée　　la danse

le dessin　　le camping　　la guitare　　le piano　　le violon　　la batterie

1 自分の普段の食事を設定しましょう。相手に普段の食事について質問し、例にならって相手の設定を表に書き入れましょう。

相手の名前	Ex.　Ken		
朝ごはん	du riz de la soupe miso du thé vert		
昼ごはん	un sandwich du café		
夜ごはん	des pâtes de la salade du fromage		

2 IsabelleとPaulが普段の食事と趣味について話しています。音声を聞き、例にならって表を完成させましょう。　1-74

	Ex.　Ken	Isabelle	Paul
朝ごはん	du riz de la soupe miso du thé vert		
昼ごはん	un sandwich du café		
夜ごはん	des pâtes de la salade du fromage		
スポーツ アクティビティ	faire du yoga		
楽器	faire de la guitare		

3 **2**で完成させた表を元に、彼らの普段の食事と趣味を説明する文をフランス語で書きましょう。（主語は3人称にすること）

Isabelle : _____

Paul : _____

✓ 数字80〜100　1-75

80 quatre-vingts　　　81 quatre-vingt-un　　82 quatre-vingt-deux ...　88 quatre-vingt-huit
89 quatre-vingt-neuf　　90 quatre-vingt-dix　91 quatre-vingt-onze　　92 quatre-vingt-douze ...
98 quatre-vingt-dix-huit　99 quatre-vingt-dix-neuf　100 cent

4 4人が名前と電話番号を登録しています。音声を聞いて表を完成させましょう。　1-76

名前	電話番号	名前	電話番号
1.		3.	
2.		4.	

Leçon

6

Je bois du café.

Leçon 7 — Je vais à l'université.

1 動詞 aller / venir の直説法現在

aller		venir	
je vais	nous allons	je viens	nous venons
tu vas	vous allez	tu viens	vous venez
il/elle va	ils/elles vont	il/elle vient	ils/elles viennent

2 前置詞 à / de ＋定冠詞の縮約

à＋le	→ **au**	à＋le musée	→ **au** musée
à＋la	→ そのまま	à＋la mer	→ **à la** mer
à＋l'	→ そのまま	à＋l'école	→ **à l'**école
à＋les	→ **aux**	à＋les toilettes	→ **aux** toilettes

Je vais **au** musée.   Il va **à la** gare.   Nous allons **aux** Champs-Élysées.

de＋le	→ **du**	de＋le musée	→ **du** musée
de＋la	→ そのまま	de＋la mer	→ **de la** mer
de＋l'	→ そのまま	de＋l'école	→ **de l'**école
de＋les	→ **des**	de＋les toilettes	→ **des** toilettes

Tu viens **du** musée.   Elle vient **de la** gare.   Ils viennent **des** Champs-Élysées.

3 疑問副詞

いつ	**Quand** est-ce que tu y* vas ?	— J'y vais demain. *下記**5**参照
どこ	**Où** est-ce que vous habitez ?	— J'habite à Paris.
どのように	**Comment** y allez-vous ?	— J'y vais en voiture.
なぜ	**Pourquoi** est-elle triste ?	— **Parce que** son ami est malade.
いくら	C'est **combien** ?	— 120 euros.

4 命令法

	travailler	aller	venir
tu	travaille	va	viens
nous	travaillons	allons	venons
vous	travaillez	allez	venez

Travaille bien !   **Allons** au cinéma.   **Viens** vite !

● tu の命令形：-er 動詞と aller の場合、語末の s を取る。

5 中性代名詞 y

● à / dans / en など＋場所 に代わる。
● 位置：動詞の前に置かれる。

Tu vas au café ?   — Oui, je vais **au café**.   → Oui, j'**y** vais.

   — Non, je ne vais pas **au café**.   → Non, je n'**y** vais pas.

28

1 allerを現在形に活用させましょう。

1. Il ＿＿＿＿＿＿ au bureau.
2. Vous ＿＿＿＿＿＿ au musée.
3. Tu ＿＿＿＿＿＿ à la mer.
4. Elle ＿＿＿＿＿＿ à la banque.

2 venirを現在形に活用させましょう。

1. Elles ＿＿＿＿＿＿ de l'école.
2. Je ＿＿＿＿＿＿ de la gare.
3. Nous ＿＿＿＿＿＿ des Champs-Élysées.
4. Ils ＿＿＿＿＿＿ du cinéma.

3 下線部を正しい形に変えましょう。

1. Un café à le lait, s'il vous plaît. →
2. Il vient de le café. →
3. L'hôtel est en face de les Invalides. →
4. Je vais à les toilettes. →
5. Elle est à côté de le théâtre. →
6. Vous avez une tarte à les pommes ? →

4 （　　）に適切な疑問副詞を入れましょう。

1. Vous habitez（　　　　　）? — J'habite à Lyon.
2. Vous partez（　　　　　）? — Je pars demain matin.
3. Ça fait（　　　　　）? — Vingt euros.

5 次の文を命令形にしましょう。

1. Tu vas à l'école. →
2. Vous mangez lentement. →
3. Nous allons à la mer. →
4. Tu chantes bien. →

6 下線部を中性代名詞 y を使った文に書き改めましょう。

1. Je vais à l'université à vélo. →
2. Vous allez à la poste en métro. →
3. Elle va au restaurant. →
4. Je n'habite pas à Londres. →

1-82

1 ペアになって言ってみましょう。

A : Vous allez au cinéma ou à la bibliothèque ?

B : Je vais à la bibliothèque avec Jean.

A : Tu viens de Paris ou de Marseille ?

B : Je viens de Paris.

2 隣の人と、地図を見ながら下線部に適切な表現を入れて言いましょう。

A : Il y a un grand magasin ＿＿＿＿＿＿ la banque ?

B : Oui. J'y vais souvent.

A : Où est le musée ?

B : Il est ＿＿＿＿＿＿ la gare.

A : Est-ce qu'il y a un jardin ＿＿＿＿＿＿ la poste et le cinéma ?

B : Non, il est ＿＿＿＿＿＿ la poste.

A : Où est la pharmacie ?

B : Elle est ＿＿＿＿＿＿ la gare.

1-83 【位置を表す表現】

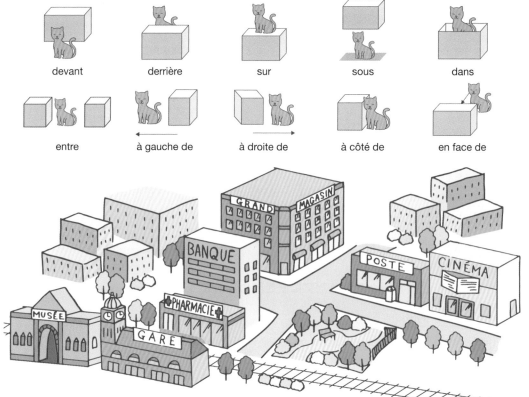

devant	derrière	sur	sous	dans

entre	à gauche de	à droite de	à côté de	en face de

1 イラスト**A**を参考に、音声を聞いて（　　）に適切な表現を入れましょう。 1-84

A

Jean

Louis　Marie

1. Marie est （　　　　　　） le piano.
2. Le chat est （　　　　　　　） la table.
3. Louis est （　　　　　） du piano.
4. L'ordinateur est （　　　　　　） la table.
5. Jean est （　　　　　） le piano.

2 イラスト**B**を見て、イラスト**A**にならって説明を書いてみましょう。 p.43**4**参照

B

3 音声を聞き、Akiko、Julien、Agathaについて正しければvrai、間違っていればfaux を選びましょう。 1-85

1. Akiko est à côté du restaurant italien avec Agatha.　　　　　　vrai / faux
2. Le restaurant est en face de la bibliothèque.　　　　　　　　　vrai / faux
3. Julien n'est pas entre Agatha et Akiko.　　　　　　　　　　　　vrai / faux

4 音声を聞き、Akiko、Julien、Agathaの週末の予定を日程表に書き入れましょう。 1-86

【行き先】

le grand magasin　le théâtre　le restaurant　la banque　l'école　la bibliothèque　le cinéma　la poste

	Akiko	Julien	Agatha
matin			
après-midi			
soir			

Leçon

7

Je vais à l'université.

Leçon 8 — Il fait beau aujourd'hui.

2-1

1 -ir動詞（第2群規則動詞）の直説法現在

語幹：不定詞から**ir**を取った部分

finir → fin
choisir → chois
réussir → réuss

活用語尾			finir	
je —is	nous —issons		je finis	nous finissons
tu —is	vous —issez		tu finis	vous finissez
il/elle —it	ils/elles —issent		il/elle finit	ils/elles finissent

La classe **finit** à seize heures.　　　　Ils **finissent** leur repas vers vingt-trois heures.

● choisir, réussir, grandir, obéirなども同じように活用する。

2-2

2 動詞sortir / partirの直説法現在

● 不定詞の語尾はirで終わるが、第2群規則動詞とは異なる活用。

sortir		partir	
je sors	nous sortons	je pars	nous partons
tu sors	vous sortez	tu pars	vous partez
il/elle sort	ils/elles sortent	il/elle part	ils/elles partent

Nous **sortons** pour fêter mon anniversaire.　　Vous **partez** à quelle heure ?
Ils **sortent** ensemble très souvent.　　　　　Je **pars** bientôt en vacances.

2-3

3 近接未来と近接過去

● 近接未来：**aller ＋ 不定詞**　「〜しようとしている」「〜することになっている」
Le magasin **va fermer** dans dix minutes.
Nous **allons partir** au Japon la semaine prochaine.

● 近接過去：**venir de ＋ 不定詞**　「〜したところだ」
Je **viens de finir** mes devoirs.　　　　Il **vient d'arrive**r chez lui.

2-4

4 国名と前置詞

● 男性名詞の国名が前置詞のàやdeと用いられるとき、冠詞の縮約形が用いられる。
● 女性名詞の国名を場所として表す場合には前置詞enが用いられ、**en ＋（無冠詞）国名**となる。
　deと用いられるときには定冠詞が落ちる。
● 男性名詞の国名でも母音字で始まる場合には前置詞のenを用いる。(en Iran, en Israël)

	〜へ、〜で	〜から
国名（男性形）	Je vais **au** Japon.	Je viens **du** Japon.
国名（女性形）	Je vais **en** France.	Je viens **de** France. Je viens **d'**Italie.
国名（複数形）	Je vais **aux** États-Unis.	Je viens **des** États-Unis.

2-5

5 非人称構文

● 気候や時刻を表す場合、非人称構文を用いる。
Quel temps fait-il à Nagoya ?　　　　— Il fait très beau et chaud.
Quelle heure est-il ?　　　　　　　　— Il est 8 heures.

1 現在形に活用させましょう。

1. choisir　　2. réussir　　3. grandir　　4. obéir

2 〈　　〉内の動詞を現在形に活用させましょう。

1. Vous _____ la glace comme dessert ?　〈 choisir 〉
2. Les cerisiers _____ au printemps.　〈 fleurir 〉
3. Je _____ à l'examen.　〈 réussir 〉
4. Elle ne _____ pas bien.　〈 réfléchir 〉
5. Nous _____ en France cet été.　〈 partir 〉
6. Mes enfants _____ avec leurs amis.　〈 sortir 〉

3 次の文を近接未来にしましょう。

1. Nous achetons un cadeau pour Louis. →
2. Je téléphone à mes parents. →
3. Ils sont à la maison à 17 heures. →
4. Tu travailles dans une entreprise. →
5. Elle prend une douche. →
6. Vous buvez un café. →

4 次の文を近接過去にしましょう。

1. Paul sort de sa maison. →
2. Ils finissent leurs études. →
3. Je fais un gâteau. →
4. Nous dînons. →
5. Tu prends le bus. →

5 (　　) を埋めて文を完成させましょう。

1. Je viens ( ) Italie.
2. Thomas vient ( ) Canada.
3. Elle va ( ) Chine.
4. Sophie vient ( ) Brésil.
5. Il vient ( ) Philippines.

Dialogue（ペア練習）8

1 下にある表で時間の表現を確認しましょう。また、例にならい、A〜Fの時刻について近くに座っている人とやりとりしましょう。

Ex.

A：Quelle heure est-il ?

B：Il est neuf heures.

A	B	C	D	E	F

2-6
Quelle heure est-il ?

1時	Il est une heure.	3時10分	Il est trois heures dix.
2時	Il est deux heures.	3時15分	Il est trois heures et quart.
3時	Il est trois heures.	3時30分	Il est trois heures et demie.
4時	Il est quatre heures.	3時45分	Il est quatre heures moins le quart.
⋮		3時50分	Il est quatre heures moins dix.
正午	Il est midi.		
真夜中	Il est minuit.		

2 授業後の予定を、順序をあらわす表現d'abord, puis, ensuite, enfinを使って説明しましょう。また、ペアの人の予定を聞いてみましょう。

Ex.

A：Qu'est-ce que tu vas faire ?

B：**D'abord**, je vais finir mes devoirs avant 15 heures. **Puis**, je vais travailler dans un restaurant à 17 heures. **Ensuite**, je vais rentrer à la maison à 21 heures. **Enfin**, je vais regarder YouTube jusqu'à minuit.

avant〜：〜までに　jusqu'à〜：〜まで

_____

_____

_____

_____

1 アポイントメントの時間を聞き取って書きましょう。

1. Mme Martin _____
3. M. Tremblay _____
2. M. Picard _____
4. Mme Moreau _____

2 イラストを見ながら天気の表現を聞いて練習しましょう。 2-8

Il fait beau.

Il pleut.

Il fait chaud.

Il fait froid.

Il neige.

Il y a des nuages.

Il y a du vent.

Il fait frais.

Il fait humide.

Il fait doux.

Il fait 20 degrés.

Il fait moins 5.

3 音声を聞き、表にある都市の天気や気温をメモして、フランス語で説明しましょう。 2-9

	天気	気温
1. Paris		
2. Osaka		
3. Bangkok		
4. Madrid		
5. Montréal		
6. Rio de Janeiro		

4 自分で選んだ都市を表に書き入れ、スマートフォンで天気や気温を確認して、フランス語で説明してみましょう。

都市	天気	気温

Leçon

8

Il fait beau aujourd'hui.

Leçon 9 Tu connais Marie ?

2-10

1 動詞 voir / connaître / mettre / savoir の直説法現在

voir

je vois	nous voyons
tu vois	vous voyez
il/elle voit	ils/elles voient

mettre

je mets	nous mettons
tu mets	vous mettez
il/elle met	ils/elles mettent

Je **vois** Marcel ce soir.
On **voit** la tour Eiffel.

Elle **met** sa valise ici.
Il **met** des fleurs dans un vase.
Je **mets** un manteau.

connaître

je connais	nous connaissons
tu connais	vous connaissez
il/elle connaît	ils/elles connaissent

savoir

je sais	nous savons
tu sais	vous savez
il/elle sait	ils/elles savent

Je **connais** Marie.
Je **connais** un bon restaurant.

Je **sais** ma leçon.
Ils **savent** bien nager.
Je **sais** que tu aimes le chocolat.

2-11

2 補語人称代名詞

	直接目的補語	間接目的補語
je	me (m')	me (m')
tu	te (t')	te (t')
il	le (l')	lui
elle	la (l')	
nous	nous	nous
vous	vous	vous
ils	les	leur
elles		

◉ 位置：動詞の前に置かれる。

◉ 直接目的補語の代名詞：直接目的補語「～を」に代わる。

Tu connais Paul ?
— Oui, je connais **Paul**.　　　　→ Oui, je le connais.

Tu cherches la clé ?
— Non, je ne cherche pas **la clé**.　→ Non, je ne la cherche pas.

◉ 間接目的補語の代名詞：間接目的補語（à＋人）「～に」に代わる。

Vous téléphonez à Marie ?
— Oui, je téléphone **à Marie**. → Oui, je lui téléphone.

Tu téléphones à tes parents ?
— Non, je ne téléphone pas **à mes parents**.
　　　　　　　　　　　　　　→ Non, je ne leur téléphone pas.

2-12

3 指示形容詞

	単数	複数
男性形	ce (cet)	ces
女性形	cette	

男性名詞
livre　：**ce** livre　　　**ces** livres
avion　：cet avion　　**ces** avions

女性名詞
fleur　：**cette** fleur　**ces** fleurs
école　：**cette** école　**ces** écoles

◉ 直後の名詞の性・数に応じて変化する。
◉ ce：直後の名詞が母音字または無音のhで始まる場合、cetを使用する。

36

1 〈　　〉内の動詞を現在形に活用させましょう。

1. Vous _____ la mer là-bas ?　　　　　〈 voir 〉
2. Je _____ souvent Isabelle.　　　　　〈 voir 〉
3. Je _____ Thomas.　　　　　〈 connaître 〉
4. Est-ce que tu _____ un bon restaurant ?　　〈 connaître 〉
5. Elle _____ une jupe.　　　　　〈 mettre 〉
6. Vous _____ du sucre ?　　　　　〈 mettre 〉
7. Ils _____ nager ?　　　　　〈 savoir 〉
8. Tu _____ qu'ils vont divorcer ?　　　〈 savoir 〉

2 (　　) に適切な指示形容詞を入れましょう。

1. (　　　　　) pantalon　　　　5. (　　　　　) sac
2. (　　　　　) jupes　　　　　　6. (　　　　　) sacs
3. (　　　　　) robe　　　　　　7. (　　　　　) agenda
4. (　　　　　) T-shirt　　　　　8. (　　　　　) idée

3 下線部を補語人称代名詞を使った文に書き改めましょう。

1. Tu mets ce livre dans le sac ?　　　→
2. Je vois Sophie demain.　　　　　　→
3. Tu mets cette jupe ?　　　　　　　→
4. Elle téléphone à Louis.　　　　　　→
5. Il téléphone souvent à ses parents. →

4 補語人称代名詞を使って質問に答えましょう。

1. Tu regardes cette émission ?　　Oui, _____.
　　　　　　　　　　　　　　　　Non, _____.

2. Il met ce manteau ?　　　　　Oui, _____.
　　　　　　　　　　　　　　　　Non, _____.

3. Ils téléphonent à leurs amis ?　Oui, _____.
　　　　　　　　　　　　　　　　Non, _____.

4. Est-ce qu'elle connaît ce film ?　Oui, _____.
　　　　　　　　　　　　　　　　Non, _____.

5. Tu parles souvent à Paul ?　　Oui, _____.
　　　　　　　　　　　　　　　　Non, _____.

6. Vous me téléphonez ?　　　　Oui, _____.
　　　　　　　　　　　　　　　　Non, _____.

2-13

1 下線部を入れ換えて隣の人に聞いてみましょう。

A : Vous connaissez <u>la tour Eiffel</u> ?

B : Oui, je **la** connais.

A : Tu connais <u>Napoléon Bonaparte</u> ?

B : Non, je ne **le** connais pas.

2-14

【名所・人物】

le Mont Saint-Michel　　　　　　le Moulin Rouge　　　　Jeanne d'Arc　　Marie-Antoinette

le Château de Versailles　　　　　　Vercingétorix　　　Albert Camus

2-15

2 下線部を入れ換えて隣の人に聞いてみましょう。

A : Pour aller à l'université, vous prenez <u>le métro</u> ?

B : Oui, je **le** prends.

A : Pour aller à ton travail, tu prends <u>le bus</u> ?

B : Non, je ne **le** prends pas. Je prends le train. Et toi ?

A : J'y vais à pied.

2-16

【交通手段】

le métro　　le train　　l'avion　　le bus　　la voiture　　le scooter　　la moto　　à pied　　à vélo

2-17

3 イラストを指差しながら、下線部を入れ換えて隣の人に聞いてみましょう。

A : Vous mettez <u>ce pantalon</u> ?

B : Oui, je **le** mets.

A : Tu prends <u>cette jupe</u> ?

B : Non, je ne **la** prends pas.

2-18

【衣服】

une robe　　　un pull　　　un T-shirt　　un pantalon　　une cravate　　une jupe

un manteau　　un bonnet　　une écharpe　　des chaussures　　des lunettes

1 例にならい、隣の人に以下の質問をしてメモを取り、その内容を Il / Elle を主語にして 文にしましょう。

Ex.

質問	相手の名前： **Sakura**	相手の名前： **Ryota**
Pour aller à l'université, tu prends le métro ?	Elle **le** prend.	Il ne **le** prend pas. Il prend le train et le bus.
Tu téléphones souvent à tes parents ?	Elle ne **leur** téléphone pas souvent.	Il **leur** téléphone souvent.

質問	相手の名前：	相手の名前：
Tu connais XXX ? （名所）		
Tu connais XXX ? （人物）		
Pour aller à l'université, tu prends le train ?		
Tu parles souvent à ta mère ?		
Tu téléphones souvent à tes amis ?		
Tu vois souvent tes amis ?		

2 音声を聞き、その内容について正しければ vrai、間違っていれば faux を選びましょう。 🎧

2-19

1. Elle prend le métro.   vrai / faux
2. Il ne connaît pas Monsieur Martin.   vrai / faux
3. Ils téléphonent souvent à Thomas.   vrai / faux

Leçon 10 Elle a bien chanté.

2-20

1 過去分詞

◉ 過去分詞の作り方：不定詞の語尾を変化させて作る。

-er → -**é**	chanter → chant**é**	aller → all**é**
-ir → -**i**	finir → fin**i**	partir → part**i**

être → **été**	pouvoir → **pu**	faire → **fait**
avoir → **eu**	vouloir → **voulu**	dire → **dit**
venir → **venu**	prendre → **pris**	écrire → **écrit**
voir → **vu**	mettre → **mis**	naître → **né**

2-21

2 直説法複合過去

◉ 過去の出来事を表す。完了した行為の結果としての現在の状態を表すこともある。

◉ 直説法複合過去の作り方：助動詞（avoir / êtreの現在形）＋過去分詞

◉ ほとんどの動詞は**avoir**を助動詞とする。

chanter		chanterの否定形	
j'ai chanté	nous avons chanté	je n'ai pas chanté	nous n'avons pas chanté
tu as chanté	vous avez chanté	tu n'as pas chanté	vous n'avez pas chanté
il/elle a chanté	ils/elles ont chanté	il/elle n'a pas chanté	ils/elles n'ont pas chanté

Hier, j'**ai cuisiné** à la maison.　　　　Il n'**a** pas **fini** ses devoirs.

◉ 移動や状態の変化を表す以下の自動詞は**être**を助動詞とする。

aller / venir　　partir / arriver　　sortir / entrer　　rentrer　　monter / descendre

naître / mourir　　passer　rester　tomber　devenir　retourner

aller		allerの否定形	
je suis allé(e)	nous sommes allé(e)s	je ne suis pas allé(e)	nous ne sommes pas allé(e)s
tu es allé(e)	vous êtes allé(e)(s)	tu n'es pas allé(e)	vous n'êtes pas allé(e)(s)
il est allé	ils sont allés	il n'est pas allé	ils ne sont pas allés
elle est allée	elles sont allées	elle n'est pas allée	elles ne sont pas allées

Vous **êtes allé** en France cet été ?　　　Elle n'**est** pas **allé**e au musée.

◉ 過去分詞の性・数一致：助動詞がêtreの場合、過去分詞は主語の性・数に一致させる。

Ma mère est mort**e**.　　　　　　　Elle est arrivé**e** tard à cause de la pluie.

Ils sont allé**s** à la plage.　　　　　La semaine dernière, elles sont venu**e**s chez moi.

Grammaire & Exercices 10

1 次の動詞の過去分詞を書きましょう。

1. acheter
2. faire
3. rester

4. sortir
5. venir
6. mettre

2 次の文を複合過去形にしましょう。

1. Je téléphone à Nicolas. →
2. Vous choisissez un cadeau. →
3. Tu ne finis pas tes devoirs ? →
4. Elles écoutent la radio. →
5. Je prends le petit-déjeuner. →
6. Nous avons des enfants. →

3 次の文を複合過去形にしましょう。

1. Lundi, il vient dîner chez nous. →
2. Ce matin, elle part pour Paris. →
3. Quand est-ce que vous arrivez à Tokyo ? →
4. Je ne vais pas chez Louis. →
5. Elles rentrent très tard. →
6. Ils restent à la maison. →

4 質問に否定形で答えましょう。

1. Tu as vu tes amis ce week-end ?
   Non, _____.
2. Tu as fini tes devoirs ?
   Non, _____.
3. Tu as passé de bonnes vacances ?
   Non, _____.
4. Ta mère est allée au travail ce matin ?
   Non, _____.
5. Ton père a lu le journal hier ?　　　　　　　　　**lire**～：～を読む
   Non, _____.

41

1 ペアになって言ってみましょう。

A : Tu as bien dormi ?
B : Oui, j'ai très bien dormi. Et toi ?

A : J'ai presque fini mes cours à l'université.
B : Moi aussi. Tu as bien travaillé ?

2 隣の人に質問しましょう。

1. Qu'est-ce que tu as fait mardi après-midi ?
2. Tes parents, qu'est-ce qu'ils ont fait ce week-end ?
3. Qu'est-ce que tu as mangé ce matin ?
4. Est-ce que tu es resté(e) à la maison hier ?
5. Quand est-ce que tu es rentré(e) hier soir ?

3 次の会話の下線部を下から選んで入れかえ、ペアでやり取りしましょう。

A : Jean est venu à la fête d'anniversaire ?
B : Oui, il est arrivé en retard.
A : Il est resté jusqu'à la fin ?
B : Oui, il est resté jusqu'à la fin. Et après, il est allé au café avec ses amis.

> Léa,　Tomoko et Sophie,　Philippe et Akiko,　ma sœur

4 以下はKenzoとLouiseの年表です。例にならって複合過去形の文を作りましょう。

Kenzo

1942	naître à Nagoya
1961	entrer à l'université
1964	trouver un travail à Paris
1967	rencontrer Sophie
1972	visiter le Mont Saint-Michel avec Sophie

Ex. Il est né à Nagoya en 1942.

Louise

1950	naître à Paris
1969	entrer à l'université
1973	aller au Japon
1982	trouver un travail à Tokyo
2022	mourir à Kyoto

Ex. Elle est née à Paris en 1950.

1 下線部を表から選んで入れ、隣の人に質問し、その答えを表に書き入れましょう。

Ex. Qu'est-ce que tu as fait hier soir ?　　　　— J'ai regardé un film.

1. hier après-midi ?	
2. ce week-end ?	
3. l'hiver dernier ?	
4. ce matin ?	

2 左右を結びましょう。

1. Sa mère　　　　　　　・
2. Mon frère et moi　　　・
3. Pierre　　　　　　　　・
4. Les enfants　　　　　・
5. Marie et Françoise　・

・ sommes rentrés très tard hier.
・ est resté à la maison.
・ sont allés à l'école.
・ sont déjà arrivées ?
・ est arrivée à l'aéroport.

3 音声を聞き、Tomoko、Pierre、Léaについて正しければvrai、間違っていればfaux 2-24
を選びましょう。

1. Tomoko est allée au restaurant italien avec Léa.　　　　　　　　vrai / faux
2. Léa et Tomoko sont arrivées à la bibliothèque.　　　　　　　　　vrai / faux
3. Pierre n'est pas venu chez Léa.　　　　　　　　　　　　　　　　vrai / faux
4. Tomoko, Pierre et Léa sont montés à la tour Eiffel.　　　　　　　vrai / faux

4 イラストを見て、この部屋の人が先週したことを複合過去形で書きましょう。 🎧 2-25

Ex. Il a mangé un croissant, ...

【部屋の中にあるもの】

un magazine

un album

un canapé

un vase

une fenêtre

un rideau

une porte

Leçon 11

Ce matin, je me lève à 10h.

2-26

1 動詞vouloir / pouvoir / devoirの直説法現在

vouloir

je veux	nous voulons
tu veux	vous voulez
il/elle veut	ils/elles veulent

Je **veux** aller en Italie.
Vous **voulez** du café ou du thé ?

pouvoir

je peux	nous pouvons
tu peux	vous pouvez
il/elle peut	ils/elles peuvent

Tu **peux** chanter cette chanson ?
Comme il fait chaud aujourd'hui, nous **pouvons** nager.

devoir

je dois	nous devons
tu dois	vous devez
il/elle doit	ils/elles doivent

Tu **dois** arriver à l'heure.
Vous **devez** dire la vérité.

2-27

2 代名動詞の直説法現在

● 代名動詞：主語と同じ人称の再帰代名詞(se)をともなう動詞。再帰代名詞は主語の人称に応じて変化する。

se réveiller

je me réveille	nous nous réveillons
tu te réveilles	vous vous réveillez
il/elle se réveille	ils/elles se réveillent

● me, te, se：直後が母音字または無音のhの場合、エリジオンしてm', t', s'になる。
● 否定形：Je **ne** <u>me réveille</u> **pas** tôt.

(1) 再帰的用法：「自分自身を（に）〜する」
Je **me couche** à onze heures.　　Je **m'appelle** Léa.

(2) 相互的用法：「お互いに〜する」
Ils **se voient** de temps en temps.　　Ils **s'aiment**.

(3) 受動的用法：「〜される」
Ce poisson **se mange** cru.　　Ça **s'écrit** comment ?

(4) 本来的用法：代名動詞としてしか使われない
Tu **te souviens** de cette chanson ?　　Elle **se moque** de moi.

2-28

3 代名動詞の直説法複合過去

se réveiller

je me suis réveillé(e)	nous nous sommes réveillé(e)s
tu t'es réveillé(e)	vous vous êtes réveillé(e)(s)
il s'est réveillé	ils se sont réveillés
elle s'est réveillée	elles se sont réveillées

● 代名動詞を複合過去形にする場合、助動詞はêtreを用いる。
● 再帰代名詞が直接目的補語の場合、過去分詞は主語の性・数に一致させる。
Elle s'est lavée.　　Elle s'est lavé les mains.
● 否定形：Je **ne** <u>me suis</u> **pas** réveillé(e) tôt.

1 〈　　〉内の動詞を現在形に活用させましょう。

1. Nous ne _____ pas aller à l'école. 〈 pouvoir 〉
2. Est-ce que tu _____ manger une glace ? 〈 vouloir 〉
3. Ils _____ répondre à ce mail tout de suite. 〈 devoir 〉
4. Je _____ venir avec toi à l'aéroport. 〈 pouvoir〉
5. Elle _____ rester à la maison. 〈 vouloir 〉
6. Tu _____ avoir faim. 〈 devoir 〉
7. Tu _____ éteindre la lumière ? 〈 pouvoir 〉
8. Vous _____ venir avec nous ? 〈 vouloir 〉

2 次の代名動詞を現在形と複合過去形に活用させましょう。

1. se lever　　　　2. s'habiller　　　　3. se presser　　　　4. se coucher

3 〈　　〉内の代名動詞を現在形に活用させましょう。

1. Elles _____ tous les jours. 〈 se maquiller 〉
2. Je _____ pour sortir. 〈 se préparer 〉
3. Ils _____ pendant la pause. 〈 se disputer 〉
4. Les enfants, vous _____ les mains avant le repas ! 〈 se laver 〉
5. Elle _____ les dents. 〈 ne pas se brosser 〉
6. Ce vin _____ frais. 〈 ne pas se boire 〉
7. Mes enfants _____ devant la pâtisserie. 〈 s'arrêter 〉
8. Vous _____ en noir, mais pourquoi ? 〈 s'habiller 〉
9. Vous _____ comment ? 〈 s'appeler 〉

4 〈　　〉内の代名動詞を複合過去形に活用させましょう。

1. Ils _____ longuement. 〈 se parler 〉
2. Elle _____ les dents. 〈 se brosser 〉
3. Ils _____ au mois dernier. 〈 se marier 〉
4. Thomas et Marie _____ tôt ce week-end. 〈 ne pas se réveiller 〉
5. Je _____. 〈 se dépêcher 〉
6. Ils _____ de cette histoire. 〈 ne pas se souvenir 〉
7. Tu _____ dans le Jardin du Luxembourg ? 〈 se promener 〉
8. Vous _____ très tôt ce matin. 〈 se réveiller 〉
9. Il _____ au feu rouge ? 〈 s'arrêter 〉

1 Julietteの1日をフランス語で説明しましょう。

Juliette se lève à 7h. Elle ...

7h se lever	7h10 s'habiller	7h15 se brosser les dents	7h30 manger du pain boire du thé
8h partir à l'université	de 9h à 12h avoir deux cours	12h30 déjeuner avec ses amis	14h faire ses devoirs à la bibliothèque
17h rentrer à la maison	19h dîner	21h téléphoner à son copain	24h se coucher

2-29

2 隣の人に1日の習慣について質問し、メモを取りましょう。

Tu te lèves à quelle heure ?

Qu'est-ce que tu manges le matin ?

Tu arrives à l'université à quelle heure ?

Tu rentres à la maison à quelle heure ?

Tu te couches à quelle heure ?

質問	Moi	相手の名前：	相手の名前：
起きる時間			
朝食に食べるもの、 飲むもの (je mange ... je bois ...)			
大学に到着する時間			
帰宅する時間			
寝る時間			

1 左ページのJulietteの1日のイラストを見ながら、音声の質問を聞いて答えを考えましょう。 🎧 2-30

1. _____

2. _____

3. _____

4. _____

5. _____

2 質問に答えましょう。

1. Vous vous levez à 6h tous les jours ?

2. Vous vous brossez les dents après le déjeuner ?

3. Vous vous couchez avant minuit ?

4. Vous arrivez avant 8h à l'université ?

3 左ページのJulietteの1日の出来事を複合過去形にして説明しましょう。

Elle s'est levée à 7h ...

4 昨日のあなたの1日についてフランス語で書いてみましょう。書き終わったら、近くに座っている人にフランス語で説明してみましょう。

Leçon 12 Je regardais la télé.

2-31

1 直説法半過去

語幹：nousの直説法現在の活用から、活用語尾**ons**を取った
部分。例外はêtreのみで、êtreの語幹は**ét**。

danser：nous dans~~ons~~ → dans
avoir ：nous av~~ons~~ → av
faire ：nous fais~~ons~~ → fais

活用語尾		danser	
je —ais	nous —ions	je dansais	nous dansions
tu —ais	vous —iez	tu dansais	vous dansiez
il/elle —ait	ils/elles —aient	il/elle dansait	ils/elles dansaient

être		avoir		faire	
j'étais	nous étions	j'avais	nous avions	je faisais	nous faisions
tu étais	vous étiez	tu avais	vous aviez	tu faisais	vous faisiez
il/elle était	ils/elles étaient	il/elle avait	ils/elles avaient	il/elle faisait	ils/elles faisaient

◉ 過去のある時点において進行中の行為や状態を表す。

Quand il est rentré, je **regardais** la télé.
Hier elle n'est pas sortie parce qu'elle **avait** de la fièvre.
Je **me promenais** quand elle m'a téléphoné.
Quand j'**étais** petit, j'**étais** très timide.

◉ 過去における習慣を表す。

À l'époque, il **faisait** du tennis tous les jours.
Il **venait** souvent chez nous après le dîner, et on **causait**.

2-32

2 複合過去と半過去の違い

◉ 複合過去：過去の完了した行為 → 完了
◉ 半過去：過去のある時点で進行中の行為や状態 → 未完了

複合過去		半過去	
Il a dansé.	彼は踊った。	Il dansait.	彼は踊っていた。
Il a regardé 〜.	彼は〜を見た。	Il regardait 〜.	彼は〜を見ていた。
Il s'est promené.	彼は散歩した。	Il se promenait.	彼は散歩していた。

※半過去は事態を未完了的に（つまり、過去のある時点ではまだ終わっていないこととして）表す。そのた
め、期間や回数を限定する具体的な時間表現を伴う場合は、基本的に複合過去を用いる。

× Il regardait la télé <u>pendant trois heures</u>. ○ Il a regardé la télé <u>pendant trois heures</u>.

Grammaire & Exercices （12）

1 〈　　〉内の動詞を半過去形に活用させましょう。

1. J' _____ à Paris. 〈 habiter 〉
2. Il _____ ses devoirs à la maison. 〈 faire 〉
3. Tu _____ à sortir ? 〈 se préparer 〉
4. Elle _____ belle. 〈 être 〉
5. À l'époque, j'_____ cinq ans. 〈 avoir 〉
6. Vous _____ la radio ? 〈 écouter 〉
7. Avant, ils _____ tard. 〈 se coucher 〉
8. Isabelle et Sophie _____ la télé ? 〈 regarder 〉
9. Il _____ à la campagne chaque été. 〈 aller 〉

2 （　　）に入る正しい活用形を選びましょう。

1. avait / a

Il a rasé sa barbe.
→ 剃った →

Avant, il (　　　　) une barbe.　　　Maintenant, il n'(　　　　) pas de barbe.

2. habite / habitais

J'ai déménagé.
→ 引っ越した →

Avant, j'(　　　　) à Nagoya.　　　Maintenant, j'(　　　　) à Tokyo.

3. fait / faisait

Il est parti de chez ses parents.
→ 一人暮らしを始めた →

Avant, il ne (　　　　) pas la cuisine.　　　Maintenant, il (　　　　) la cuisine.

3 日本語に合うように、正しい時制を選びましょう。

1. Quand elle (est entrée / entrait) dans ma chambre, (j'ai travaillé / je travaillais).
   彼女が部屋に入ってきた時、私は勉強していた。

2. Quand elles (ont habité / habitaient) à Okinawa, elles (sont allées / allaient) souvent à la mer.
   彼女たちが沖縄に住んでいた頃、彼女たちはよく海に行っていた。

3. Il (a été / était) à Paris pendant deux ans.
   彼はパリに2年間いました。

4. Quand le téléphone (a sonné / sonnait), (j'ai fait / je faisais) la cuisine.
   電話が鳴った時、私は料理をしていました。

1 昨日のXX時に何をしていたか、隣の人に聞いてみましょう。

A：Hier, à 20 heures, qu'est-ce que tu faisais ?

B：Je faisais mes devoirs.

【学生の一日】

 prendre le petit-déjeuner
 dîner
 rentrer de l'université

dormir　　déjeuner　　être à l'université

 être avec des amis
 surfer sur Internet
 se reposer à la maison

faire ses devoirs　　faire la cuisine　　travailler

2 過去の出来事について、感想を言いましょう。

C'était＋形容詞（男性形・単数）：〜だった　　※これは便利な表現ですが、人に対しては使いません。

A：C'était comment, le mont Fuji ?

B：Ce n'était pas facile... mais c'était magnifique !

la station thermale　　le spectacle d'humour　　le film

Disneyland　　l'auto-école　　le roman　　l'exposition

【形容詞】

facile　　difficile　　cher　　intéressant　　amusant

drôle　　reposant　　fatigant　　ennuyeux

 **Activités**（ペア練習、聞き取り、作文） **12**

1 例にならい、各動詞の現在形、複合過去形、半過去形のうち、聞こえたものを選びましょう。
2-36

	Ex. habiter	1 habiter	2 habiter	3 chanter	4 chanter	5 chanter
現在形	J'habite	J'habite	J'habite	Je chante	Je chante	Je chante
複合過去形	J'ai habité	J'ai habité	J'ai habité	J'ai chanté	J'ai chanté	J'ai chanté
半過去形	J'habitais	J'habitais	J'habitais	Je chantais	Je chantais	Je chantais

	6 regarder	7 regarder	8 travailler	9 travailler	10 faire	11 faire
現在形	Je regarde	Je regarde	Je travaille	Je travaille	Je fais	Je fais
複合過去形	J'ai regardé	J'ai regardé	J'ai travaillé	J'ai travaillé	J'ai fait	J'ai fait
半過去形	Je regardais	Je regardais	Je travaillais	Je travaillais	Je faisais	Je faisais

2 聞こえた方を選びましょう。
2-37

1. Avant, (j'ai regardé / je regardais) la télé. Maintenant, (j'écoute / j'écoutais) la radio.

2. Elle (a fumé / fumait) tous les jours, mais un jour, elle (a arrêté /arrêtait) de fumer.

3. Un feu d'artifice (a eu / avait) lieu hier. (Ça a été / C'était) magnifique.

avoir lieu：〜が催される

4. Il (a fait / faisait) très froid ce matin. Mais je (suis sortie / sortais) à 6h parce que (j'ai voulu / je voulais) faire du jogging.

3 **2**で完成させた文を、複合過去、半過去のニュアンスに注意して日本語にしましょう。

1.

2.

3.

4.

4 Jean-LucとÉmilieは現在45歳です。彼らが20歳だった頃の様子や習慣を想像し、文の続きを半過去形で書いてみましょう。

1. Jean-Luc : À l'époque, il habitait à Kyoto. Il était étudiant. Il étudiait le japonais. ...

2. Émilie : À l'époque, elle habitait à Londres. Elle était musicienne. ...

Leçon 13　Je visiterai la tour Eiffel.

2-38

1 直説法単純未来

◉ 未来の事柄を表す。主語が2人称の場合、軽い命令を表すこともある。

活用語尾		visiter		être	
je —rai	nous —rons	je visiterai	nous visiterons	je serai	nous serons
tu —ras	vous —rez	tu visiteras	vous visiterez	tu seras	vous serez
il/elle —ra	ils/elles —ront	il/elle visitera	ils/elles visiteront	il/elle sera	ils/elles seront

語幹：-er動詞、-ir動詞は不定詞から**r**を取った部分　visiter → visite　　finir → fini

特殊な語幹：avoir → j'**au**rai　　aller → j'**i**rai　　faire → je **fe**rai　　venir → je **viend**rai
　　　　　　　voir → je **ver**rai　　prendre → je **prend**rai　　pouvoir → je **pour**rai

Demain matin, je **visiterai** la tour Eiffel.　　Je **partirai** dimanche prochain.
Nous n'**arriverons** pas à temps.　　Elle **aura** 25 ans le mois prochain.

2-39

2 比較級

比較の表現には、優等比較、同等比較、劣等比較の3つがある。

◉ 優等比較：plus ＋ 形容詞 / 副詞 ＋ que ～

Ma sœur est **plus** grande **que** moi.　　Il marche **plus** vite **que** moi.

◉ 同等比較：aussi ＋ 形容詞 / 副詞 ＋ que ～

Pierre est **aussi** gentil **que** sa sœur.　　Marie parle **aussi** gentiment **que** toi.

◉ 劣等比較：moins ＋ 形容詞 / 副詞 ＋ que ～

Aujourd'hui, il fait **moins** froid **qu'**hier.　　Mon frère arrive **moins** tard **que** lui.

※形容詞 bon(ne)(s) の優等比較は meilleur(e)(s)　　× plus bon(ne)(s)
※副詞 bien の優等比較は mieux　　× plus bien

2-40

3 最上級

「～のうちで最も…」を表す。

◉ le / la / les ＋ plus / moins ＋ 形容詞 ＋ de ～

C'est le sport **le plus** populaire **du** Japon.　　Marie est **la moins** grande **de** cette classe.

◉ le ＋ plus / moins ＋ 副詞 ＋ de ～

Elle parle **le plus** vite **de** la classe.　　Il se couche **le moins** tard **de** sa famille.

※形容詞 bon(ne)(s) の最上級は le / la / les meilleur(e)(s)　　× le / la / les plus bon(ne)(s)
※副詞 bien の最上級は le mieux　　× le plus bien

1 （　　）内の動詞を単純未来形に活用させましょう。

1. Demain, j' (aller) à Osaka et je (visiter) le château. _____ _____
2. Après-demain, on (partir) pour Kyoto. _____
3. Est-ce qu'il (dîner) au restaurant avec Marie ? _____
4. Nous (avoir) le temps de visiter cette cathédrale. _____

2 並べ替えて文を作りましょう。

1. le musée / lui / avec / son mari / visitera
2. avec / de / je / toi / pas / bavarder / le temps / n'aurai
3. travail / prochain / pour / jeudi / il / finira / ce
4. en difficulté / elle / les personnes / aidera

3 動詞を現在形または単純未来形に活用させて入れましょう。

1. faire　　　　　　Il _____ beau aujourd'hui, il _____ beau demain.
2. pleuvoir / rester　Il _____ maintenant, on _____ à la maison.
3. être / aider　　　Elle _____ gentille, elle t' _____.
4. travailler / réussir　Nous _____ dur, nous _____.

4 例にならい日本語に合うように〈　　〉の語を比較級にし、下線部を埋めましょう。

Ex. 〈 sérieux 〉 Tu es plus sérieux que moi.

1. 〈 gentil 〉　Il est _____ que toi.　　　　　彼は君と同じくらい優しい。
2. 〈 froid 〉　Aujourd'hui, il fait _____ qu'hier.　今日は昨日より寒くない。
3. 〈 difficile 〉　L'anglais est _____ que le français. 英語はフランス語より難しい。
4. 〈 vite 〉　Elle court _____ que nous.　　　彼女は私たちと同じくらい速く走る。

5 指示に従って文を書き改めましょう。

Ex. Elle est courageuse.　　(la classe) 優等の最上級
　　→ Elle est la plus courageuse de la classe.

1. Pierre est sérieux.　　　(la classe) 劣等の最上級
　　→

2. Françoise est âgée.　　(la famille) 劣等の最上級
　　→

3. Elle est paresseuse.　　(la classe) 優等の最上級
　　→

4. C'est un beau paysage. (le Japon) 優等の最上級
　　→

5. C'est une belle église.　　(le monde) 優等の最上級
　　→

2-41

1 ペアで言ってみましょう。旅行のプランを見ながら、会話をしてみましょう。

A : Tu vas où pour les vacances ?

B : Je vais à Tokyo.

A : Qu'est-ce que tu feras là-bas ?

B : Je monterai sur la Tokyo Skytree.

Paris	**Londres**	**Bruxelles**	**Rome**
・visiter le musée du Louvre	・visiter le Musée britannique	・voir des amis	・manger de la glace
・faire du shopping	・manger du poisson-frites	・acheter des moules	・visiter la Fontaine de Trevi
		・boire de la bière	

2 表を見ながら、TomokoとVincentの性格について、比較級を使って説明しましょう。♥の数は度合いを表します。

	sympathique	curieux	gai	sérieux
Tomoko	♥ ♥ ♥ ♥	♥ ♥	♥ ♥ ♥	♥ ♥ ♥ ♥
Vincent	♥ ♥ ♥ ♥	♥ ♥ ♥	♥ ♥ ♥ ♥ ♥	♥ ♥

Ex. Vincent est plus gai que Tomoko.　　Tomoko n'est pas plus curieuse que Vincent.

3 イラストや表を見て、最上級を使った文を作りましょう。

	âge	taille (cm)
mon père	41	175
ma mère	43	169
moi	10	140
mon frère	8	128

Ex. La personne (la plus) petite n'est pas moi.

1. La personne (　　　　　　　　) grande est mon père.

2. La personne (　　　　　　　　) petite est mon frère.

3. La personne (　　　　　　　　) âgée est ma mère.

4. La personne (　　　　　　　　) âgée est mon frère.

Activités （ペア練習、聞き取り、作文） **13**

1 音声を聞いて動詞を選び、単純未来形にして書き入れましょう。 **2-42**

1. Ils (　　　　　　　　　) en France cet été.

2. Elle (　　　　　　　　　) à Tokyo le mois prochain.

3. Vous (　　　　　　　　　) cet hiver à Paris.

4. Tu (　　　　　　　　　) demain matin ?

5. Nous (　　　　　　　　　) Jean la semaine prochaine.

être, venir, aller, voir, passer

2 音声を聞いて（　　）を埋めましょう。 **2-43**

1. Ton café est (　　　　　　　　　) que mon café.

2. Elle cuisine (　　　　　　　　　) que moi.

3. Aujourd'hui, il fait (　　　　　　　　　) froid qu'hier.

4. Ma sœur n'est pas (　　　　　　　　　) intelligente que moi.

5. Le poisson est (　　　　　　　　　) léger que la viande.

3 音声を聞いて適語を選び（複数回使ってよい）、最上級の文を完成しましょう。 **2-44**

1. L'Everest est la montagne (　　　　) (　　　　) haute (　　　　) monde.

2. C'est (　　　　) (　　　　) grand hôtel (　　　　) quartier.

3. C'est (　　　　) (　　　　) beau paysage (　　　　) Japon.

4. Voici le tableau (　　　　) (　　　　) cher (　　　　) l'histoire.

5. Elle chante (　　　　) (　　　　) (　　　　) la classe.

de, mieux, la, le, plus, du, moins

4 以下は4つの国についての情報をまとめたものです。例を参考にやり取りしましょう。

	la Belgique les Belges	la France les Français	le Japon les Japonais	le Luxembourg les Luxembourgeois
population	11 millions	67 millions	124 millions	634 mille
superficie	30 528 km²	544 000 km²	377 973 km²	2 586 km²

Ex. Les Japonais sont plus nombreux que les Français ?

Le Luxembourg est le plus petit parmi ces quatre ?

population : 人口
superficie : 面積
parmi ～ : ～の間で

Leçon 14 Je voudrais une baguette.

2-45

1 条件法現在

語幹：直説法単純未来と同形

活用語尾	
je —rais	nous —rions
tu —rais	vous —riez
il/elle —rait	ils/elles —raient

chanter

je chanterais	nous chanterions
tu chanterais	vous chanteriez
il/elle chanterait	ils/elles chanteraient

vouloir

je voudrais	nous voudrions
tu voudrais	vous voudriez
il/elle voudrait	ils/elles voudraient

être

je serais	nous serions
tu serais	vous seriez
il/elle serait	ils/elles seraient

avoir

j'aurais	nous aurions
tu aurais	vous auriez
il/elle aurait	ils/elles auraient

● 語調の緩和、事実に反する仮定に対する帰結※、伝聞・推測、過去における未来を表す。

下記**2**参照

Je **voudrais** un café.

Je **voudrais** essayer ce pantalon.

Si j'étais riche, j'**aurais** une grande maison.

Selon le journal, il y **aurait** un festival à Kyoto aujourd'hui.　　　**selon ～**：～によれば

Il m'a dit qu'il **viendrait**.

2-46

2 仮定と帰結の表し方

● 起こりうる可能性のある単なる仮定とその帰結

Si + 直説法現在, 直説法単純未来.

Si Paul vient chez moi, je lui prêterai ce livre.

Si tu manges trop, tu grossiras.

● 現在の事実に反する仮定とその帰結

Si + 直説法半過去, 条件法現在.

Si Paul venait chez moi, je lui **prêterais** ce livre.

Si j'avais de l'argent, je **déménagerais**.

Si j'étais plus jeune, j'**apprendrais** le chinois.

Si elle n'était pas timide, elle **aurait** plus d'amis.

1 条件法現在形に活用させましょう。

1. danser　　2. habiter　　3. faire　　4. prendre　　5. partir　　6. venir

2 〈　〉内の動詞を条件法現在形に活用させましょう。

1. Je ＿＿＿＿＿＿＿＿＿＿＿ un croissant, s'il vous plaît. 　〈 vouloir 〉
2. Tu＿＿＿＿＿＿＿＿＿＿＿ essayer cette jupe ? 　〈 vouloir 〉
3. D'après l'enquête, il y ＿＿＿＿＿＿＿＿＿＿＿ un mort. 　〈 avoir 〉
4. Selon elle, ils ＿＿＿＿＿＿＿＿＿＿＿ demain. 　〈 partir 〉
5. Si j'étais jeune, je ＿＿＿＿＿＿＿＿＿＿＿ du tennis. 　〈 faire 〉
6. Si elle avait le temps, elle ＿＿＿＿＿＿＿＿＿＿＿. 　〈 venir 〉
7. Si j'avais de l'argent, j' ＿＿＿＿＿＿＿＿＿＿ à New York. 　〈 habiter 〉
8. Elle m'a dit que Marcel ＿＿＿＿＿＿＿＿＿＿＿ le bus. 　〈 prendre 〉

3 日本語に合うように、〈　〉内の動詞を適切に活用させましょう。

1. Si tu ＿＿＿＿＿＿＿＿ libre, tu me ＿＿＿＿＿＿＿＿ ! 　〈 être / téléphoner 〉
   もし暇なら、電話してね！
2. S'il ＿＿＿＿＿＿＿＿ beau, je ＿＿＿＿＿＿＿. 　〈 faire / sortir 〉
   もし天気なら、外出します。
3. S'il ＿＿＿＿＿＿＿＿ beau, je ＿＿＿＿＿＿＿. 　〈 faire / sortir 〉
   もし天気だったら、外出するのに。
4. Si tu ＿＿＿＿＿＿＿＿ ce dessert, j'en ＿＿＿＿＿＿＿ un autre. 〈 prendre / prendre 〉
   もし君がそのデザートにするなら、私は別のにします。
5. Si tu ＿＿＿＿＿＿＿＿ froid, je te ＿＿＿＿＿＿＿＿ mon gilet. 〈 avoir / prêter 〉
   もし寒いなら、私のベストを貸すよ。
6. Si j' ＿＿＿＿＿＿＿ le temps, je ＿＿＿＿＿＿＿ pour le Japon. 〈 avoir / partir 〉
   もし時間があったら、日本に向けて出発するんだけどな。

4 例にならって文を書き改めましょう。

Ex. Je n'ai pas d'argent ; je ne prendrai pas le train.
　　→ Si j'avais de l'argent, je prendrais le train.

1. Je n'habite pas à Tokyo ; je ne peux pas aller à ce concert.
　　→
2. François ne travaille pas bien ; il ne réussira pas à son examen.
　　→
3. Elle est occupée ; elle ne partira pas en France.
　　→

2-47 **1** パン屋での注文のやり取りをしましょう。

A : Bonjour monsieur. Je voudrais une baguette, une quiche et deux croissants, s'il vous plaît.

B : Ce sera tout ?

A : Oui.

B : Alors, huit euros dix, s'il vous plaît.

A : Voilà.

B : Merci madame. Au revoir, bonne journée !

A : Merci. Au revoir, bonne journée !

2-48 【パン屋での買いもの】

un croissant	une baguette	un pain au chocolat	une brioche	un éclair au chocolat
1,30 €	0,90 €	1,05 €	5,40 €	3,70 €

une quiche	un sandwich au jambon	un sandwich au thon	un pain aux raisins	une tarte au citron
4,60 €	4,90 €	4,20 €	1,50 €	3,90 €

2 相手に聞いてみましょう。

Ex. **A** : Si tu étais riche ? (acheter un château / acheter un avion / faire le tour du monde)
B : Si j'étais riche, j'achèterais un château.

1. Si tu étais une saison ? être (le printemps / l'été / l'automne / l'hiver)

2. Si tu étais une couleur ? être (le rouge / le bleu / le vert / le jaune / le rose)

3. Si tu étais un animal ? être (un chat / un chien / un lapin)

4. Si tu allais à la plage ? aller (à Okinawa / à Nice / à Honolulu / à Tahiti)

5. Si tu choisissais un objet magique ? choisir (une potion magique / un tapis volant)

6. Si tu avais un super-pouvoir ? (être invisible / lire dans les pensées / se téléporter)

【もし魔法が使えたら】

une potion magique   être invisible   se téléporter

un tapis volant   lire dans les pensées

2-49

1 パン屋で買い物をしています。例にならい、それぞれが購入したパンとその個数、そして合計金額を聞き取り、表を完成させましょう。

	購入したパン、個数	合計金額
Ex.	un croissant deux baguettes	3,10 €
1. Noémie		
2. François		
3. Émilie		
4. Olivier		

2 あなたがOlivierとSophieになったと仮定して、文の続きをフランス語で書きましょう。

フランス人	**Olivier**
19歳	
大学生	
パリに住んでいる	
スポーツマン	
水泳をする	
柔道をする	
自転車を持っている	
犬が好き	
背が高い	
時々キャンプをする	

Si j'étais Olivier, je serais français, j'aurais 19 ans, ...

_____

カナダ人	**Sophie**
28歳	
ミュージシャン	
ロンドンに住んでいる	
ダンスをする	
車を持っている	
読書が好き	
猫を飼っている	
料理をしない	
背が高い	
英語と中国語を話す	

Si j'étais Sophie, ...

_____

Leçon

14

Je voudrais une baguette.

1 名前の綴りを聞き取り、アルファベで書き取りましょう。
2-50

Ex. Lucas, ça s'écrit comment ?　— Ça s'écrit L U C A S.

1. ___ ___ ___ ___　　　　　4. ___ ___ ___ ___

2. ___ ___ ___ ___ ___ ___　5. ___ ___ ___ ___ ___ ___ ___

3. ___ ___ ___

2 音声を聞いて、発音してみましょう。
2-51

A : Bonjour. Comment allez-vous ?

B : Je vais bien, merci. Et vous ?

A : Moi aussi, je vais très bien.

A : Salut ! Ça va ?

B : Oui, ça va, et toi ?

A : Salut, à samedi !

B : À plus !

3 e の発音に注意しながら読みましょう。
2-52

menu   étudiant   fille   musée
je m'app**elle**   d**e**main   caf**é**   **é**l**è**ve

4 r の発音を練習しましょう。
2-53

bonjou**r**   pou**r**   ga**r**e   spo**r**t   alo**r**s
opé**r**a   pa**r**ents   **r**oman   **r**ue   **r**iz

5 鼻母音の発音に注意しながら読みましょう。
2-54

[ɔ̃] : **bonbon**   mais**on**   garç**on**   n**om**
[ɑ̃] : **gr**and   **enf**ant   fr**an**çais   étudi**ant**
[ɛ̃] : v**in**   s**ym**bole   tr**ain**   l**un**di

6 母音字＋母音字のつづり字に注意しながら読みましょう。
2-55

c**our**s   n**ou**v**eau**   b**eau**c**ou**p   mais**on**   j'**ai**
d**eu**x   bl**eu**   s**œur**   n**oi**x   bons**oir**

a.〜g.の中性代名詞enが何を指しているか、イラストから探しましょう。

a. Il en a deux.

b. Il y en a quatre.

c. Elle en a trois.

d. Il y en a sept.

e. Elle en a deux.

f. Il y en a cinq.

g. Il en a une.

2-56 サン＝テグジュペリ『星の王子さま』の一部を読みやすくした文章です。
読んでみましょう。王子さまがキツネと出会うシーンです。

– Bonjour, dit le renard.

– Bonjour, répond poliment le petit prince, qui se retourne mais ne voit rien.

– Je suis là, dit la voix, sous le pommier.

– Qui es-tu ? dit le petit prince. Tu es bien joli...

– Je suis un renard, dit le renard.

– Viens jouer avec moi, lui propose le petit prince. Je suis tellement triste...

– Je ne peux pas jouer avec toi, dit le renard. Je ne suis pas ton ami.

– Ah ! pardon, dit le petit prince.

Et il ajoute :

– « Être ami », qu'est-ce que c'est ?

– Tu n'es pas d'ici, dit le renard, que cherches-tu ?

– Je cherche les hommes, dit le petit prince. Qu'est-ce que c'est, « être ami » ?

– Les hommes, dit le renard, ils ont des fusils et ils chassent. C'est bien ennuyeux !
  Ils élèvent aussi des poules. C'est leur seul intérêt. Tu cherches des poules ?

– Non, dit le petit prince. Je cherche seulement les hommes. Qu'est-ce que c'est,
  « être ami » ?

– C'est une chose trop oubliée, dit le renard. C'est de « créer des liens... ».

– Créer des liens ?

– Bien sûr, dit le renard. Tu n'es encore pour moi qu'un
  petit garçon tout semblable à cent mille petits
  garçons. Et je n'ai pas besoin de toi. Et tu n'as pas
  besoin de moi non plus. Je ne suis pour toi qu'un
  renard semblable à cent mille renards. Mais, si nous
  sommes amis, nous aurons besoin l'un de l'autre. Tu
  seras pour moi unique au monde. Je serai pour toi
  unique au monde...

正しければvrai、間違っていればfauxを選びましょう。

1. 王子さまはリンゴの木の下にいる。 vrai / faux

2. キツネは、友だちじゃないから遊べないと言う。 vrai / faux

3. 王子さまはニワトリを探している。 vrai / faux

4. 〈友だち〉になるとは〈つながりを作る〉こと。 vrai / faux

5. 王子さまとキツネは、ぜったいに友だちになれない。 vrai / faux

Appendice

Leçon 0

A フランス語の音の種類と発音記号

母音

[i]	[y]	[u]
[E]	[Ø]	[O]
	[ə]	
[a]		

鼻母音

[ɑ̃]	[ɛ̃]	[ɔ̃]

半母音

[j]	[ɥ]	[w]

子音

[p]	[t]	[k]	[f]	[s]	[ʃ]
[b]	[d]	[g]	[v]	[z]	[ʒ]
[m]	[n]	[ɲ]	[l]	[ʁ]	

※ [E]、[Ø]、[O] について

例外はもちろんありますがフランスで話されるフランス語では、半狭・半広母音（[e], [ɛ], [ø], [œ], [o], [ɔ]）は、母音で終わる音節では口の開きが狭い母音（[e], [ø], [o]）が、子音で終わる音節では口の開きが広い母音（[ɛ], [œ], [ɔ]）が発音される傾向があります。音節の位置によって発音される母音が決まるので、これらの6つの母音を3つに減らして [E]、[Ø]、[O]の記号で表します。

B 発音とつづり字

1. 口母音

発音	つづり字	語彙
[i]	i, î, ï, y	lit, île, maïs, style
[y]	u, û	une, flûte
[u]	ou, où, oû	jour, où, goûter
[E]	[e]（母音で終わる音節で） é, er, es, ez, ef, ai, ay	été, parler, les, nez, clef, je vais, payer
	[ɛ]（子音で終わる音節で） e, è, ê, ë, ai, ei	elle, père, fête, Noël, faire, neige
[Ø]	[ø]（母音で終わる音節で） eu, œu	peu, vœu, coiffeuse（例外：[z]の前で）
	[œ]（子音で終わる音節で） eu, œu	peur, œuf
[ə]	e	je, le, ce, petit, vendredi
[O]	[o]（母音で終わる音節で） o, ô, au, eau	pot, moto, tôt, chaud, château, rose（例外：[z]の前で）
	[ɔ]（子音で終わる音節で） o	vol, porte
[a]	a, à, â	pas, à, pâtes

63

2. 鼻母音

発音	つづり字	語彙
[ɑ̃]	an, am, en, em	dans, grand, champ, enfant, emporter
[ɛ̃]	in, im, yn, ym, ain, aim, ein, eim, un, um	lapin, impossible, synthèse, symbolique, main, faim, plein, Reims, un, lundi, parfum
[ɔ̃]	on, om	bon, concombre, nom

3. 子音

発音	つづり字	語彙
[p]	p, pp	papa, apprendre
[b]	b, bb	banane, abbé
[t]	t, tt, th	tarte, patte, thé
[d]	d, dd	demain, addition
[k]	c + a, o, u, 子音字	cacao, comme, sécurité, clé, classe
	q, qu	cinq, quai, question
	k	kiwi, kebab
	ch	Chloé, chrétien
[g]	g + a, o, u, 子音字	gâteau, gomme, légume, guitare, gris, glace
[f]	f, ff, ph	café, coiffeur, photo
[v]	v, (w)	voiture, wagon
[s]	c + e, é, è, i, y	ce, ceci, célèbre, procès, citron, cygne
	ç + a, o, u	ça, leçon, reçu
	s, ss, sc	sa, aussi, science
[z]	s (母音字＋s＋母音字)	oiseau, rose, désert
	z	zoo, zèbre
[ʃ]	ch	chocolat, chien, vache
[ʒ]	g + e, é, è, i, y	manger, géant, étagère, girafe, gymnastique
	j	jardin, Japon, je
[m]	m	moto, maison
[n]	n	nous, anniversaire
[ɲ]	gn	mignon, montagne
[l]	l	la, salle
[ʁ]	r	rire, perle, fraise
-	無音のh	homme, hôtel, hôpital
	有音のh	héros, haricot, hâche

4. 半母音

発音	つづり字	語彙
[j]	i, y＋母音字	miel, piano, italien, yaourt, yeux, crayon
	ill＋母音字	fille, famille, nouille, feuille, juillet（例外：ville, mille）
	母音字＋il	travail, ail, soleil, œil, écureuil, accueil
[ɥ]	u＋母音字	lui, suite, cuisine, nuage
[w]	ou＋母音字, w	oui, jouer, web
[wa]	oi, oy	doigt, croissant, nettoyer

Leçon 1

A 名詞の複数形

● 複数形は原則として単数形の語尾にsをつけるが、単数形が-s、-x、-zで終わる単語は不変。

    単　複   単　複   単　複
    bois → bois   prix → prix   nez → nez

● 複数形の語尾が-xになるものや、つづり字の一部を変えてxをつけるものもある。

    単   複   単   複
    bureau → bureau**x**   animal → anim**aux**

Leçon 2

A 不定代名詞 on

onは主語としてのみ用いられ、主に以下の意味を表す。

私たちは (nous)	On est très contents de ce résultat.
人々は	Au Québec, on parle français.
誰かが	On a frappé à la porte hier soir.

Leçon 3

A 倒置疑問文

● 主語が主語人称代名詞の場合（単純倒置）
  主語と動詞を倒置して〈-〉で結ぶ。

    s v   v s
    Il est gentil ?   →   Est-il gentil ?

● 主語が名詞の場合（複合倒置）
  まず主語名詞を述べ、その直後でその主語名詞の主語人称代名詞と動詞を倒置する。その際、動詞と主語人称代名詞の間を〈-〉で結ぶ。

    s   v   s   v (s)
    Roméo est gentil.   →   Roméo est-il gentil ?

● ただし、3人称単数の動詞活用語尾がeかaで終わる場合は、動詞と主語人称代名詞（il, elle, on）の間に〈-t-〉を入れる。（発音しやすくするため）

Il aime Juliette. → Aime-t-il Juliette ?

Roméo aime Juliette. → Roméo aime-t-il Juliette ?

B 形容詞

● 付加的用法：形容詞は名詞を修飾する。
形容詞は修飾する名詞の性・数に一致させる。

un sac vert   des sacs verts
une montre verte   des montres vertes

● 属詞的用法：形容詞はêtreの後ろに置かれ、主語を修飾する。
形容詞は修飾する主語の性・数に一致させる。

Paul est content.   Ils sont contents.
Emma est contente.   Elles sont contentes.

C aimerの補足

aimer＋不定詞：「〜することが好き」   J'aime faire du tennis.

D 指示代名詞 ce / ça

● 主語として用いる場合
ce：êtreの主語としてのみ使用する。（主語のceは常に3人称扱い）
C'est Isabelle.
C'est une pomme.
Ce sont des pommes.

ça：être以外の動詞の主語として使用する。（主語のçaは常に3人称単数扱い）
Ça coûte combien ?
Ça marche ?

● 主語以外（主に目的補語）で用いる場合はçaのみ
Je prends ça.
Je me souviens de ça.

※この場合、çaは代理するものの性・数に関係なく使える。
※日常会話で「これ」とだけ言いたい時はça。

Leçon ④

A avoirを用いた表現

慣用的な表現で、名詞に冠詞はつけない。

avoir faim	空腹だ	Tu as faim ? — Non, je n'ai pas faim.
avoir soif	喉が渇いた	J'ai soif.
avoir froid	寒い	Tu as froid ? — Oui, j'ai froid.
avoir chaud	暑い	Je n'ai pas chaud.

Leçon ⑤

A 特殊な女性形をもつ形容詞

形容詞には、語尾にeをつけて女性形を作るもの以外に、次のような規則で女性形を表すものがある。

1. -eux → -euse	heureux → heureuse	sérieux → sérieuse		
2. -f → -ve	actif → active	positif → positive		
3. -er → -ère	étranger → étrangère	premier → première		
4. -en → -enne	parisien → parisienne			
-on → -onne	bon → bonne			
-os → -osse	gros → grosse			
-el → -elle	actuel → actuelle			
5. 特別な変化をするもの	gentil → gentille	blanc → blanche	beau → belle
	doux → douce	frais → fraîche	vieux → vieille
	long → longue	sec → sèche	nouveau → nouvelle

B 男性第2形を持つ形容詞

名詞の前に置く一部の形容詞beau, vieux, nouveauなどは、直後の男性単数名詞が母音字または無音のhで始まる場合、男性第2形を使用する。

男性形・単数 / 男性第2形	男性形・複数	
beau / bel	beaux	un **bel** homme
vieux / vieil	vieux	un **vieil** hôtel
nouveau / nouvel	nouveaux	un **nouvel** appartement

女性形・単数	女性形・複数
belle	belles
vieille	vieilles
nouvelle	nouvelles

Appendice

67

A -er動詞の変則的な語幹

manger

je mange	nous mang**e**ons
tu manges	vous mangez
il/elle mange	ils/elles mangent

arranger, changer, diriger, nager, obliger, partager, voyager ...

appeler

j'appe**ll**e	nous appelons
tu appe**ll**es	vous appelez
il/elle appe**ll**e	ils/elles appe**ll**ent

rappeler, jeter, rejeter ...

acheter

j'ach**è**te	nous achetons
tu ach**è**tes	vous achetez
il/elle ach**è**te	ils/elles ach**è**tent

mener, amener, emmener, peser, geler, lever ...

employer

j'emplo**i**e	nous employons
tu emplo**i**es	vous employez
il/elle emplo**i**e	ils/elles emplo**i**ent

appuyer, nettoyer, tutoyer, envoyer, renvoyer ...

B 中性代名詞 en

数量表現＋名詞、形容詞や動詞の補語としてのde＋名詞 / 不定詞 / 節 にも代わる。

◉ 数量表現＋名詞（数量表現：beaucoup de 〜, un peu de 〜, plusieurs 〜 など）
　 この場合、en が受けるのは名詞部分だけであり、数量表現は動詞の後ろに残る。

Il a beaucoup d'amis français ?

— Oui, il a **beaucoup d'amis français**. 　　 → 　Oui, il **en** a **beaucoup**.

— Non, il n'a pas **beaucoup d'amis français**. 　 → 　Non, il n'**en** a pas **beaucoup**.

— Non, il n'a pas **d'amis français**. 　　　 → 　Non, il n'**en** a pas.

◉ 形容詞や動詞の補語としてのde＋名詞 / 不定詞 / 節

Elle est à Paris en ce moment. Elle revient **de Paris** demain. → Elle **en** revient demain.

avoir peur de 名詞：Vous aimez les chiens ?

　　　　　　　　 — Non, j'ai peur **des chiens**. 　　　 → Non, j'**en** ai peur.

　　　　　　 (Vous avez peur de Jean ? — Oui, j'ai peur de lui.)

　　　　　　　　　　　　　　 ※名詞部分が人の場合は、「〜 de ＋ 強勢形」にする。

avoir envie de 名詞 / 不定詞：Vous avez envie de partir ?

　　　　　　　　　　 — Oui, j'ai envie **de partir.** 　 → Oui, j'**en** ai envie.

　　　　　　　　　　 — Non, je n'ai pas envie **de partir.**

　　　　　　　　　　　　　　　 → Non, je n'**en** ai pas envie.

疑問代名詞

<table>
<tr><td></td><td></td><td colspan="2" align="center">が
（疑問代名詞は主語の役割）</td><td></td><td colspan="2" align="center">を
（疑問代名詞は直接目的補語又は属詞の役割）</td></tr>
</table>

		が（疑問代名詞は主語の役割）		を（疑問代名詞は直接目的補語又は属詞の役割）
誰	単純形	**Qui** 動詞 ?	単純形	**Qui** 動詞-主語 ? 主語 動詞 **qui ?**（カジュアルな表現）
	複合形	**Qui est-ce qui** 動詞 ?	複合形	**Qui est-ce que (qu')** 主語 動詞 ?
何	単純形	無し	単純形	**Que (Qu')** 動詞-主語 ? 主語 動詞 **quoi ?**（カジュアルな表現）
	複合形	**Qu'est-ce qui** 動詞 ?	複合形	**Qu'est-ce que (qu')** 主語 動詞 ?

D 中性代名詞 le

◉ 属詞、不定詞、節、前文の内容 に代わる。

◉ 位置：動詞の前に置かれる。

◉ 否定形：le＋動詞 をneとpasではさむ。

Est-ce que tu es **étudiante** ?   — Oui, je le suis.

Elles sont **contentes** ?   — Oui, elles le sont.

Il faut **partir** tout de suite ?   — Oui, il le faut.

Vous savez **que Paul a déménagé** ?   — Non, je ne le savais pas.

Le bureau de poste était fermé à cause de la grève, mais je ne le savais pas.

A êtreとavoirの命令法

êtreとavoirの命令法は表のとおり。

	être	**avoir**
tu	sois	aie
nous	soyons	ayons
vous	soyez	ayez

     Soyez tranquille.   N'**aie** pas peur.

B 否定命令文

動詞をneとpasではさむ。

Vous regardez ce vase. → **Ne** regardez **pas** ce vase.

C 中性代名詞 y

動詞の補語としてのà＋名詞 にも代わる。

Tu penses à ton avenir ?

— Oui, je pense **à mon avenir**.   → Oui, j'**y** pense.

Il répond à cette question ?

— Oui, il répond **à cette question**. → Oui, il **y** répond.

Ⓐ 都市名と前置詞

◉ 都市名は文法上の性がないため、冠詞がつかない。

	〜へ、〜で	〜から
都市名（無冠詞）	Je vais **à** Tokyo.	Je viens **de** Paris.

Ⓑ 非人称構文

気候や時刻を表す場合以外にも以下のような構文がある。

◉ Il y a 〜：「〜がある」

Il y a des livres sur la table.

◉ Il faut ＋名詞 / 不定詞：「〜が必要だ」「〜しなければならない」

Il faut deux ou trois œufs pour faire une omelette.
Il faut faire attention.

◉ Il est 〜 de ＋不定詞：「…することは〜だ」

Il est important de faire du sport.

Leçon (9)

Ⓐ 「〜を知っている」：savoir ＋名詞 と connaître ＋名詞 の違い

◉ 名詞部分が人・場所の場合はconnaîtreのみ

○ Je connais M. Dubois.　　　　× Je sais M. Dubois.
○ Je connais cette ville.　　　　× Je sais cette ville.

◉ 名詞部分がモノ・事柄の場合

connaître：単純にそれを知識として「知っている」

savoir 　：単にそれを知識として「知っている」だけでなく、深い知識があったり暗記している
　　　　　　ことで、その内容を展開できる → 能力（〜できる）のニュアンスが含まれる

私は彼の（彼女の）住所を知っている。
Je connais son adresse.　　　（単に知っている）
Je sais son adresse.　　　　　（具体的に言うことができる）

私はこの歌を知っている。
Je connais cette chanson.　　（どこかで聞いたことがある）
Je sais cette chanson.　　　　（歌詞やメロディーを知っていて歌うことができる）

B 「〜することができる」：pouvoir＋不定詞 と savoir＋不定詞 の違い

◉ 主語がモノの場合は基本的にpouvoirのみ

Cette salle peut contenir cinq cents personnes.

◉ 主語が人の場合

pouvoir：外的条件が整っているので「〜することができる」

savoir 　：後天的に学習や訓練などで身に付いた能力によって「〜することができる」

Cet enfant sait lire et écrire.

Je sais nager, mais je ne peux pas nager aujourd'hui. Je n'ai pas de maillot de bain.

C 命令法における補語人称代名詞

◉ 肯定命令文

動詞の直後に補語人称代名詞を置き、〈 - 〉で結ぶ。肯定命令文の場合、me, teは、moi, toi（強勢形）になる。

Vous regardez ce vase. 　　→ Regardez ce vase. 　　→ Regardez-le.

Vous me regardez. 　　　　→ Regardez-moi.

Vous montrez votre collection à Olivier. → Montrez votre collection à Olivier.

　　→ Montrez-lui votre collection.

Vous me dites la vérité 　　→ Dites-moi la vérité.

◉ 否定命令文

平叙文と同様に、動詞の直前に補語人称代名詞を置き、代名詞と動詞を共にneとpasではさむ。

Vous regardez ce vase. 　　→ Ne regardez pas ce vase. 　→Ne le regardez pas.

Vous me regardez. 　　　　→ Ne me regardez pas.

Vous montrez votre collection à Olivier. → Ne montrez pas votre collection à Olivier.

　　→ Ne lui montrez pas votre collection.

Vous me dites la vérité. 　　→ Ne me dites pas la vérité.

Leçon 10

A 過去分詞の性・数一致

助動詞がavoirであっても、直接目的補語が動詞より前に置かれる場合、過去分詞は直接目的補語の性・数に一致させる。

J'ai pris des photos à Paris. Voici les photos que j'ai prise**s** à Paris.

J'ai vu ce professeur. 　 → Je l'ai vu.

Il a montré ses photos. → Il les a montré**s**.

Appendice

71

Leçon 11

A 代名動詞の複合過去

● 再帰代名詞が直接目的補語の場合、過去分詞は主語の性・数に一致させる。

Ils se sont promené**s** dans le jardin.　（seは直接目的補語）

Elle s'est lavé**e**.　　　　　　　　　　（seは直接目的補語）

● 再帰代名詞が間接目的補語の場合、過去分詞の性・数一致は必要ない。

Ils se sont dit bonjour.　　　　　　　（dire à 〜、seは間接目的補語）

Elles se sont téléphoné récemment.　（téléphoner à〜、seは間接目的補語）

● 次の例文のように、同一文中に身体の一部を表す名詞句（les mainsなど）がある場合、再帰代名詞は間接目的補語になる。

Elle s'est lavé les mains.　　（seは間接目的補語）

Elle s'est brossé les dents.　（seは間接目的補語）

Leçon 13

A 形容詞の比較級

形容詞は修飾する名詞の性・数に一致させる。

Jean est $\left\{\begin{array}{l} \text{plus } \textbf{grand} \\ \text{aussi } \textbf{grand} \\ \text{moins } \textbf{grand} \end{array}\right\}$ que Paul.

Marie est $\left\{\begin{array}{l} \text{plus } \textbf{grand}e \\ \text{aussi } \textbf{grand}e \\ \text{moins } \textbf{grand}e \end{array}\right\}$ que Paul.

B 形容詞の最上級

定冠詞と形容詞は修飾する名詞の性・数に一致させる。

Jean est **le** $\left\{\begin{array}{l} \text{plus } \textbf{grand} \\ \text{moins } \textbf{grand} \end{array}\right\}$ de cette classe.

Marie est la $\left\{\begin{array}{l} \text{plus } \textbf{grand}e \\ \text{moins } \textbf{grand}e \end{array}\right\}$ de cette classe.

Leçon 14

A 仮定と帰結

起こりうる可能性のある単なる仮定とその帰結は、「Si＋直説法現在, 直説法現在.」でも表せる。

S'il fait beau, je sors.

動 詞 変 化 表

I.   aimer
II. arriver

III. être aimé(e)(s)
IV. se lever

1. avoir	17. venir	33. rire
2. être	18. offrir	34. croire
3. parler	19. descendre	35. craindre
4. placer	20. mettre	36. prendre
5. manger	21. battre	37. boire
6. acheter	22. suivre	38. voir
7. appeler	23. vivre	39. asseoir
8. préférer	24. écrire	40. recevoir
9. employer	25. connaître	41. devoir
10. envoyer	26. naître	42. pouvoir
11. aller	27. conduire	43. vouloir
12. finir	28. suffire	44. savoir
13. sortir	29. lire	45. valoir
14. courir	30. plaire	46. falloir
15. fuir	31. dire	47. pleuvoir
16. mourir	32. faire	

不定形・分詞形	直　　　説　　　法		

I. aimer

aimant
aimé
ayant aimé
（助動詞　avoir）

	現　　　在	半　過　去	単　純　過　去
	j' aime	j' aimais	j' aimai
	tu aimes	tu aimais	tu aimas
	il aime	il aimait	il aima
	nous aimons	nous aimions	nous aimâmes
	vous aimez	vous aimiez	vous aimâtes
	ils aiment	ils aimaient	ils aimèrent

命　令　法	複　合　過　去	大　過　去	前　過　去
aime	j' ai aimé	j' avais aimé	j' eus aimé
	tu as aimé	tu avais aimé	tu eus aimé
	il a aimé	il avait aimé	il eut aimé
aimons	nous avons aimé	nous avions aimé	nous eûmes aimé
aimez	vous avez aimé	vous aviez aimé	vous eûtes aimé
	ils ont aimé	ils avaient aimé	ils eurent aimé

II. arriver

arrivant
arrivé
étant arrivé(e)(s)

（助動詞　être）

	複　合　過　去	大　過　去	前　過　去
	je suis arrivé(e)	j' étais arrivé(e)	je fus arrivé(e)
	tu es arrivé(e)	tu étais arrivé(e)	tu fus arrivé(e)
	il est arrivé	il était arrivé	il fut arrivé
	elle est arrivée	elle était arrivée	elle fut arrivée
	nous sommes arrivé(e)s	nous étions arrivé(e)s	nous fûmes arrivé(e)s
	vous êtes arrivé(e)(s)	vous étiez arrivé(e)(s)	vous fûtes arrivé(e)(s)
	ils sont arrivés	ils étaient arrivés	ils furent arrivés
	elles sont arrivées	elles étaient arrivées	elles furent arrivées

III. être aimé(e)(s)

受動態

étant aimé(e)(s)
ayant été aimé(e)(s)

	現　　　在	半　過　去	単　純　過　去
	je suis aimé(e)	j' étais aimé(e)	je fus aimé(e)
	tu es aimé(e)	tu étais aimé(e)	tu fus aimé(e)
	il est aimé	il était aimé	il fut aimé
	elle est aimée	elle était aimée	elle fut aimé e
	n. sommes aimé(e)s	n. étions aimé(e)s	n. fûmes aimé(e)s
	v. êtes aimé(e)(s)	v. étiez aimé(e)(s)	v. fûtes aimé(e)(s)
	ils sont aimés	ils étaient aimés	ils furent aimés
	elles sont aimées	elles étaient aimées	elles furent aimées

命　令　法	複　合　過　去	大　過　去	前　過　去
sois aimé(e)	j' ai été aimé(e)	j' avais été aimé(e)	j' eus été aimé(e)
	tu as été aimé(e)	tu avais été aimé(e)	tu eus été aimé(e)
	il a été aimé	il avait été aimé	il eut été aimé
soyons aimé(e)s	elle a été aimée	elle avait été aimée	elle eut été aimée
soyez aimé(e)(s)	n. avons été aimé(e)s	n. avions été aimé(e)s	n. eûmes été aimé(e)s
	v. avez été aimé(e)(s)	v. aviez été aimé(e)(s)	v. eûtes été aimé(e)(s)
	ils ont été aimés	ils avaient été aimés	ils eurent été aimés
	elles ont été aimées	elles avaient été aimées	elles eurent été aimées

IV. se lever

代名動詞
se levant
s'étant levé(e)(s)

	現　　　在	半　過　去	単　純　過　去
	je me lève	je me levais	je me levai
	tu te lèves	tu te levais	tu te levas
	il se lève	il se levait	il se leva
	n. n. levons	n. n. levions	n. n. levâmes
	v. v. levez	v. v. leviez	v. v. levâtes
	ils se lèvent	ils se levaient	ils se levèrent

命　令　法	複　合　過　去	大　過　去	前　過　去
lève-toi	je me suis levé(e)	j' m' étais levé(e)	je me fus levé(e)
	tu t' es levé(e)	tu t' étais levé(c)	tu te fus levé(e)
	il s' est levé	il s' était levé	il se fut levé
levons-nous	elle s' est levée	elle s' était levée	elle se fut levée
levez-vous	n. n. sommes levé(e)s	n. n. étions levé(e)s	n. n. fûmes levé(e)s
	v. v. êtes levé(e)(s)	v. v. étiez levé(e)(s)	v. v. fûtes levé(e)(s)
	ils se sont levés	ils s' étaient levés	ils se furent levés
	elles se sont levées	elles s' étaient levées	elles se furent levées

直　説　法	条　件　法	接　続　法	

単　純　未　来 / 現　在 / 現　在 / 半　過　去

直説法 単純未来	条件法 現在	接続法 現在	接続法 半過去
j' aimerai	j' aimerais	j' aime	j' aimasse
tu aimeras	tu aimerais	tu aimes	tu aimasses
il aimera	il aimerait	il aime	il aimât
nous aimerons	nous aimerions	nous aimions	nous aimassions
vous aimerez	vous aimeriez	vous aimiez	vous aimassiez
ils aimeront	ils aimeraient	ils aiment	ils aimassent

前　未　来 / 過　去 / 過　去 / 大　過　去

前未来	過去	過去	大過去
j' aurai aimé	j' aurais aimé	j' aie aimé	j' eusse aimé
tu auras aimé	tu aurais aimé	tu aies aimé	tu eusses aimé
il aura aimé	il aurait aimé	il ait aimé	il eût aimé
nous aurons aimé	nous aurions aimé	nous ayons aimé	nous eussions aimé
vous aurez aimé	vous auriez aimé	vous ayez aimé	vous eussiez aimé
ils auront aimé	ils auraient aimé	ils aient aimé	ils eussent aimé

前　未　来 / 過　去 / 過　去 / 大　過　去

前未来	過去	過去	大過去
je serai arrivé(e)	je serais arrivé(e)	je sois arrivé(e)	je fusse arrivé(e)
tu seras arrivé(e)	tu serais arrivé(e)	tu sois arrivé(e)	tu fusses arrivé(e)
il sera arrivé	il serait arrivé	il soit arrivé	il fût arrivé
elle sera arrivée	elle serait arrivée	elle soit arrivée	elle fût arrivée
nous serons arrivé(e)s	nous serions arrivé(e)s	nous soyons arrivé(e)s	nous fussions arrivé(e)s
vous serez arrivé(e)(s)	vous seriez arrivé(e)(s)	vous soyez arrivé(e)(s)	vous fussiez arrivé(e)(s)
ils seront arrivés	ils seraient arrivés	ils soient arrivés	ils fussent arrivés
elles seront arrivées	elles seraient arrivées	elles soient arrivées	elles fussent arrivées

単　純　未　来 / 現　在 / 現　在 / 半　過　去

単純未来	現在	現在	半過去
je serai aimé(e)	je serais aimé(e)	je sois aimé(e)	je fusse aimé(e)
tu seras aimé(e)	tu serais aimé(e)	tu sois aimé(e)	tu fusses aimé(e)
il sera aimé	il serait aimé	il soit aimé	il fût aimé
elle sera aimée	elle serait aimée	elle soit aimée	elle fût aimée
n. serons aimé(e)s	n. serions aimé(e)s	n. soyons aimé(e)s	n. fussions aimé(e)s
v. serez aimé(e)(s)	v. seriez aimé(e)(s)	v. soyez aimé(e)(s)	v. fussiez aimé(e)(s)
ils seront aimés	ils seraient aimés	ils soient aimés	ils fussent aimés
elles seront aimées	elles seraient aimées	elles soient aimées	elles fussent aimées

前　未　来 / 過　去 / 過　去 / 大　過　去

前未来	過去	過去	大過去
j' aurai été aimé(e)	j' aurais été aimé(e)	j' aie été aimé(e)	j' eusse été aimé(e)
tu auras été aimé(e)	tu aurais été aimé(e)	tu aies été aimé(e)	tu eusses été aimé(e)
il aura été aimé	il aurait été aimé	il ait été aimé	il eût été aimé
elle aura été aimée	elle aurait été aimée	elle ait été aimée	elle eût été aimée
n. aurons été aimé(e)s	n. aurions été aimé(e)s	n. ayons été aimé(e)s	n. eussions été aimé(e)s
v. aurez été aimé(e)(s)	v. auriez été aimé(e)(s)	v. ayez été aimé(e)(s)	v. eussiez été aimé(e)(s)
ils auront été aimés	ils auraient été aimés	ils aient été aimés	ils eussent été aimés
elles auront été aimées	elles auraient été aimées	elles aient été aimées	elles eussent été aimées

単　純　未　来 / 現　在 / 現　在 / 半　過　去

単純未来	現在	現在	半過去
je me lèverai	je me lèverais	je me lève	je me levasse
tu te lèveras	tu te lèverais	tu te lèves	tu te levasses
il se lèvera	il se lèverait	il se lève	il se levât
n. n. lèverons	n. n. lèverions	n. n. levions	n. n. levassions
v. v. lèverez	v. v. lèveriez	v. v. leviez	v. v. levassiez
ils se lèveront	ils se lèveraient	ils se lèvent	ils se levassent

前　未　来 / 過　去 / 過　去 / 大　過　去

前未来	過去	過去	大過去
je me serai levé(e)	je me serais levé(e)	je me sois levé(e)	je me fusse levé(e)
tu te seras levé(e)	tu te serais levé(e)	tu te sois levé(e)	tu te fusses levé(e)
il se sera levé	il se serait levé	il se soit levé	il se fût levé
elle se sera levée	elle se serait levée	elle se soit levée	elle se fût levée
n. n. serons levé(e)s	n. n. serions levé(e)s	n. n. soyons levé(e)s	n. n. fussions levé(e)s
v. v. serez levé(e)(s)	v. v. seriez levé(e)(s)	v. v. soyez levé(e)(s)	v. v. fussiez levé(e)(s)
ils se seront levés	ils se seraient levés	ils se soient levés	ils se fussent levés
elles se seront levées	elles se seraient levées	elles se soient levées	elles se fussent levées

75

不 定 形 分 詞 形	直　　　説　　　法			
	現　　在	半　過　去	単　純　過　去	単　純　未　来
1. avoir もつ ayant eu [y]	j' ai tu as il a n. avons v. avez ils ont	j' avais tu avais il avait n. avions v. aviez ils avaient	j' eus [y] tu eus il eut n. eûmes v. eûtes ils eurent	j' aurai tu auras il aura n. aurons v. aurez ils auront
2. être 在る étant été	je suis tu es il est n. sommes v. êtes ils sont	j' étais tu étais il était n. étions v. étiez ils étaient	je fus tu fus il fut n. fûmes v. fûtes ils furent	je serai tu seras il sera n. serons v. serez ils seront
3. parler 話す parlant parlé	je parle tu parles il parle n. parlons v. parlez ils parlent	je parlais tu parlais il parlait n. parlions v. parliez ils parlaient	je parlai tu parlas il parla n. parlâmes v. parlâtes ils parlèrent	je parlerai tu parleras il parlera n. parlerons v. parlerez ils parleront
4. placer 置く plaçant placé	je place tu places il place n. plaçons v. placez ils placent	je plaçais tu plaçais il plaçait n. placions v. placiez ils plaçaient	je plaçai tu plaças il plaça n. plaçâmes v. plaçâtes ils placèrent	je placerai tu placeras il placera n. placerons v. placerez ils placeront
5. manger 食べる mangeant mangé	je mange tu manges il mange n. mangeons v. mangez ils mangent	je mangeais tu mangeais il mangeait n. mangions v. mangiez ils mangeaient	je mangeai tu mangeas il mangea n. mangeâmes v. mangeâtes ils mangèrent	je mangerai tu mangeras il mangera n. mangerons v. mangerez ils mangeront
6. acheter 買う achetant acheté	j' achète tu achètes il achète n. achetons v. achetez ils achètent	j' achetais tu achetais il achetait n. achetions v. achetiez ils achetaient	j' achetai tu achetas il acheta n. achetâmes v. achetâtes ils achetèrent	j' achèterai tu achèteras il achètera n. achèterons v. achèterez ils achèteront
7. appeler 呼ぶ appelant appelé	j' appelle tu appelles il appelle n. appelons v. appelez ils appellent	j' appelais tu appelais il appelait n. appelions v. appeliez ils appelaient	j' appelai tu appelas il appela n. appelâmes v. appelâtes ils appelèrent	j' appellerai tu appelleras il appellera n. appellerons v. appellerez ils appelleront
8. préférer より好む préférant préféré	je préfère tu préfères il préfère n. préférons v. préférez ils préfèrent	je préférais tu préférais il préférait n. préférions v. préfériez ils préféraient	je préférai tu préféras il préféra n. préférâmes v. préférâtes ils préférèrent	je préférerai tu préféreras il préférera n. préférerons v. préférerez ils préféreront

条　件　法		接　　続　　法		命　令　法	同型活用の動詞
現　　在		現　　在	半　過　去	現　　在	（注意）
j' aurais tu aurais il aurait n. aurions v. auriez ils auraient		j' aie tu aies il ait n. ayons v. ayez ils aient	j' eusse tu eusses il eût n. eussions v. eussiez ils eussent	aie ayons ayez	
je serais tu serais il serait n. serions v. seriez ils seraient		je sois tu sois il soit n. soyons v. soyez ils soient	je fusse tu fusses il fût n. fussions v. fussiez ils fussent	sois soyons soyez	
je parlerais tu parlerais il parlerait n. parlerions v. parleriez ils parleraient		je parle tu parles il parle n. parlions v. parliez ils parlent	je parlasse tu parlasses il parlât n. parlassions v. parlassiez ils parlassent	parle parlons parlez	第1群規則動詞 （4型〜10型をのぞく）
je placerais tu placerais il placerait n. placerions v. placeriez ils placeraient		je place tu places il place n. placions v. placiez ils placent	je plaçasse tu plaçasses il plaçât n. plaçassions v. plaçassiez ils plaçassent	place plaçons placez	—cer の動詞 annoncer, avancer, commencer, effacer, renoncer など. （a, o の前で c → ç）
je mangerais tu mangerais il mangerait n. mangerions v. mangeriez ils mangeraient		je mange tu manges il mange n. mangions v. mangiez ils mangent	je mangeasse tu mangeasses il mangeât n. mangeassions v. mangeassiez ils mangeassent	mange mangeons mangez	—ger の動詞 arranger, changer, charger, engager, nager, obliger など. （a, o の前で g → ge）
j' achèterais tu achèterais il achèterait n. achèterions v. achèteriez ils achèteraient		j' achète tu achètes il achète n. achetions v. achetiez ils achètent	j' achetasse tu achetasses il achetât n. achetassions v. achetassiez ils achetassent	achète achetons achetez	—e＋子音＋er の動詞 achever, lever, mener など. （7型をのぞく. e muet を 含む音節の前で e → è）
j' appellerais tu appellerais il appellerait n. appellerions v. appelleriez ils appelleraient		j' appelle tu appelles il appelle n. appelions v. appeliez ils appellent	j' appelasse tu appelasses il appelât n. appelassions v. appelassiez ils appelassent	appelle appelons appelez	—eter, —eler の動詞 jeter, rappeler など. （6型のものもある. e muet の前で t, l を重 ねる）
je préférerais tu préférerais il préférerait n. préférerions v. préféreriez ils préféreraient		je préfère tu préfères il préfère n. préférions v. préfériez ils préfèrent	je préférasse tu préférasses il préférât n. préférassions v. préférassiez ils préférassent	préfère préférons préférez	—é＋子音＋er の動詞 céder, espérer, opérer, répéter など. （e muet を含む語末音節 の前で é → è）

不 定 形 分 詞 形	直　　説　　法			
	現　　在	半　過　去	単純過去	単純未来
9. employer 使う employant employé	j'　emploie tu　emploies il　emploie n.　employons v.　employez ils　emploient	j'　employais tu　employais il　employait n.　employions v.　employiez ils　employaient	j'　employai tu　employas il　employa n.　employâmes v.　employâtes ils　employèrent	j'　emploierai tu　emploieras il　emploiera n.　emploierons v.　emploierez ils　emploieront
10. envoyer 送る envoyant envoyé	j'　envoie tu　envoies il　envoie n.　envoyons v.　envoyez ils　envoient	j'　envoyais tu　envoyais il　envoyait n.　envoyions v.　envoyiez ils　envoyaient	j'　envoyai tu　envoyas il　envoya n.　envoyâmes v.　envoyâtes ils　envoyèrent	j'　enverrai tu　enverras il　enverra n.　enverrons v.　enverrez ils　enverront
11. aller 行く allant allé	je　vais tu　vas il　va n.　allons v.　allez ils　vont	j'　allais tu　allais il　allait n.　allions v.　alliez ils　allaient	j'　allai tu　allas il　alla n.　allâmes v.　allâtes ils　allèrent	j'　irai tu　iras il　ira n.　irons v.　irez ils　iront
12. finir 終える finissant fini	je　finis tu　finis il　finit n.　finissons v.　finissez ils　finissent	je　finissais tu　finissais il　finissait n.　finissions v.　finissiez ils　finissaient	je　finis tu　finis il　finit n.　finîmes v.　finîtes ils　finirent	je　finirai tu　finiras il　finira n.　finirons v.　finirez ils　finiront
13. sortir 出かける sortant sorti	je　sors tu　sors il　sort n.　sortons v.　sortez ils　sortent	je　sortais tu　sortais il　sortait n.　sortions v.　sortiez ils　sortaient	je　sortis tu　sortis il　sortit n.　sortîmes v.　sortîtes ils　sortirent	je　sortirai tu　sortiras il　sortira n.　sortirons v.　sortirez ils　sortiront
14. courir 走る courant couru	je　cours tu　cours il　court n.　courons v.　courez ils　courent	je　courais tu　courais il　courait n.　courions v.　couriez ils　couraient	je　courus tu　courus il　courut n.　courûmes v.　courûtes ils　coururent	je　courrai tu　courras il　courra n.　courrons v.　courrez ils　courront
15. fuir 逃げる fuyant fui	je　fuis tu　fuis il　fuit n.　fuyons v.　fuyez ils　fuient	je　fuyais tu　fuyais il　fuyait n.　fuyions v.　fuyiez ils　fuyaient	je　fuis tu　fuis il　fuit n.　fuîmes v.　fuîtes ils　fuirent	je　fuirai tu　fuiras il　fuira n.　fuirons v.　fuirez ils　fuiront
16. mourir 死ぬ mourant mort	je　meurs tu　meurs il　meurt n.　mourons v.　mourez ils　meurent	je　mourais tu　mourais il　mourait n.　mourions v.　mouriez ils　mouraient	je　mourus tu　mourus il　mourut n.　mourûmes v.　mourûtes ils　moururent	je　mourrai tu　mourras il　mourra n.　mourrons v.　mourrez ils　mourront

条　件　法	接　続　法		命　令　法	同型活用の動詞 （注意）
現　在	現　在	半　過　去	現　在	
j'　emploierais tu　emploierais il　emploierait n.　emploierions v.　emploieriez ils　emploieraient	j'　emploie tu　emploies il　emploie n.　employions v.　employiez ils　emploient	j'　employasse tu　employasses il　employât n.　employassions v.　employassiez ils　employassent	emploie employons employez	—oyer, —uyer, —ayer の動詞 （e muet の前で y → i. —ayer は 3 型でもよい. また envoyer → 10）
j'　enverrais tu　enverrais il　enverrait n.　enverrions v.　enverriez ils　enverraient	j'　envoie tu　envoies il　envoie n.　envoyions v.　envoyiez ils　envoient	j'　envoyasse tu　envoyasses il　envoyât n.　envoyassions v.　envoyassiez ils　envoyassent	envoie envoyons envoyez	renvoyer （未来，条・現のみ 9 型と ことなる）
j'　irais tu　irais il　irait n.　irions v.　iriez ils　iraient	j'　aille tu　ailles il　aille n.　allions v.　alliez ils　aillent	j'　allasse tu　allasses il　allât n.　allassions v.　allassiez ils　allassent	va allons allez	
je　finirais tu　finirais il　finirait n.　finirions v.　finiriez ils　finiraient	je　finisse tu　finisses il　finisse n.　finissions v.　finissiez ils　finissent	je　finisse tu　finisses il　finît n.　finissions v.　finissiez ils　finissent	finis finissons finissez	第 2 群規則動詞
je　sortirais tu　sortirais il　sortirait n.　sortirions v.　sortiriez ils　sortiraient	je　sorte tu　sortes il　sorte n.　sortions v.　sortiez ils　sortent	je　sortisse tu　sortisses il　sortît n.　sortissions v.　sortissiez ils　sortissent	sors sortons sortez	partir, dormir, endormir, se repentir, sentir, servir
je　courrais tu　courrais il　courrait n.　courrions v.　courriez ils　courraient	je　coure tu　coures il　coure n.　courions v.　couriez ils　courent	je　courusse tu　courusses il　courût n.　courussions v.　courussiez ils　courussent	cours courons courez	accourir, parcourir, secourir
je　fuirais tu　fuirais il　fuirait n.　fuirions v.　fuiriez ils　fuiraient	je　fuie tu　fuies il　fuie n.　fuyions v.　fuyiez ils　fuient	je　fuisse tu　fuisses il　fuît n.　fuissions v.　fuissiez ils　fuissent	fuis fuyons fuyez	s'enfuir
je　mourrais tu　mourrais il　mourrait n.　mourrions v.　mourriez ils　mourraient	je　meure tu　meures il　meure n.　mourions v.　mouriez ils　meurent	je　mourusse tu　mourusses il　mourût n.　mourussions v.　mourussiez ils　mourussent	meurs mourons mourez	

不 定 形 分 詞 形	直　　　説　　　法			
	現　　　在	半　過　去	単純過去	単純未来
17. venir 来る venant venu	je　viens tu　viens il　vient n.　venons v.　venez ils　viennent	je　venais tu　venais il　venait n.　venions v.　veniez ils　venaient	je　vins tu　vins il　vint n.　vînmes v.　vîntes ils　vinrent	je　viendrai tu　viendras il　viendra n.　viendrons v.　viendrez ils　viendront
18. offrir 贈る offrant offert	j'　offre tu　offres il　offre n.　offrons v.　offrez ils　offrent	j'　offrais tu　offrais il　offrait n.　offrions v.　offriez ils　offraient	j'　offris tu　offris il　offrit n.　offrîmes v.　offrîtes ils　offrirent	j'　offrirai tu　offriras il　offrira n.　offrirons v.　offrirez ils　offriront
19. descendre 降りる descendant descendu	je　descends tu　descends il　descend n.　descendons v.　descendez ils　descendent	je　descendais tu　descendais il　descendait n.　descendions v.　descendiez ils　descendaient	je　descendis tu　descendis il　descendit n.　descendîmes v.　descendîtes ils　descendirent	je　descendrai tu　descendras il　descendra n.　descendrons v.　descendrez ils　descendront
20. mettre 置く mettant mis	je　mets tu　mets il　met n.　mettons v.　mettez ils　mettent	je　mettais tu　mettais il　mettait n.　mettions v.　mettiez ils　mettaient	je　mis tu　mis il　mit n.　mîmes v.　mîtes ils　mirent	je　mettrai tu　mettras il　mettra n.　mettrons v.　mettrez ils　mettront
21. battre 打つ battant battu	je　bats tu　bats il　bat n.　battons v.　battez ils　battent	je　battais tu　battais il　battait n.　battions v.　battiez ils　battaient	je　battis tu　battis il　battit n.　battîmes v.　battîtes ils　battirent	je　battrai tu　battras il　battra n.　battrons v.　battrez ils　battront
22. suivre ついて行く suivant suivi	je　suis tu　suis il　suit n.　suivons v.　suivez ils　suivent	je　suivais tu　suivais il　suivait n.　suivions v.　suiviez ils　suivaient	je　suivis tu　suivis il　suivit n.　suivîmes v.　suivîtes ils　suivirent	je　suivrai tu　suivras il　suivra n.　suivrons v.　suivrez ils　suivront
23. vivre 生きる vivant vécu	je　vis tu　vis il　vit n.　vivons v.　vivez ils　vivent	je　vivais tu　vivais il　vivait n.　vivions v.　viviez ils　vivaient	je　vécus tu　vécus il　vécut n.　vécûmes v.　vécûtes ils　vécurent	je　vivrai tu　vivras il　vivra n.　vivrons v.　vivrez ils　vivront
24. écrire 書く écrivant écrit	j'　écris tu　écris il　écrit n.　écrivons v.　écrivez ils　écrivent	j'　écrivais tu　écrivais il　écrivait n.　écrivions v.　écriviez ils　écrivaient	j'　écrivis tu　écrivis il　écrivit n.　écrivîmes v.　écrivîtes ils　écrivirent	j'　écrirai tu　écriras il　écrira n.　écrirons v.　écrirez ils　écriront

条　件　法		接　　続　　法		命　令　法	同型活用の動詞 （注意）
現　　在	現　　在	半　過　去	現　　在		
je viendrais tu viendrais il viendrait n. viendrions v. viendriez ils viendraient	je vienne tu viennes il vienne n. venions v. veniez ils viennent	je vinsse tu vinsses il vînt n. vinssions v. vinssiez ils vinssent	viens venons venez	convenir, devenir, provenir, revenir, se souvenir ; tenir, appartenir, maintenir, obtenir, retenir, soutenir
j' offrirais tu offrirais il offrirait n. offririons v. offririez ils offriraient	j' offre tu offres il offre n. offrions v. offriez ils offrent	j' offrisse tu offrisses il offrît n. offrissions v. offrissiez ils offrissent	offre offrons offrez	couvrir, découvrir, ouvrir, souffrir
je descendrais tu descendrais il descendrait n. descendrions v. descendriez ils descendraient	je descende tu descendes il descende n. descendions v. descendiez ils descendent	je descendisse tu descendisses il descendît n. descendissions v. descendissiez ils descendissent	descends descendons descendez	attendre, défendre, rendre, entendre, perdre, prétendre, répondre, tendre, vendre
je mettrais tu mettrais il mettrait n. mettrions v. mettriez ils mettraient	je mette tu mettes il mette n. mettions v. mettiez ils mettent	je misse tu misses il mît n. missions v. missiez ils missent	mets mettons mettez	admettre, commettre, permettre, promettre, remettre, soumettre
je battrais tu battrais il battrait n. battrions v. battriez ils battraient	je batte tu battes il batte n. battions v. battiez ils battent	je battisse tu battisses il battît n. battissions v. battissiez ils battissent	bats battons battez	abattre, combattre
je suivrais tu suivrais il suivrait n. suivrions v. suivriez ils suivraient	je suive tu suives il suive n. suivions v. suiviez ils suivent	je suivisse tu suivisses il suivît n. suivissions v. suivissiez ils suivissent	suis suivons suivez	poursuivre
je vivrais tu vivrais il vivrait n. vivrions v. vivriez ils vivraient	je vive tu vives il vive n. vivions v. viviez ils vivent	je vécusse tu vécusses il vécût n. vécussions v. vécussiez ils vécussent	vis vivons vivez	
j' écrirais tu écrirais il écrirait n. écririons v. écririez ils écriraient	j' écrive tu écrives il écrive n. écrivions v. écriviez ils écrivent	j' écrivisse tu écrivisses il écrivît n. écrivissions v. écrivissiez ils écrivissent	écris écrivons écrivez	décrire, inscrire

不 定 形 分 詞 形	直　　説　　法			
	現　　在	半　過　去	単　純　過　去	単　純　未　来
25. connaître 知っている connaissant connu	je connais tu connais il connaît n. connaissons v. connaissez ils connaissent	je connaissais tu connaissais il connaissait n. connaissions v. connaissiez ils connaissaient	je connus tu connus il connut n. connûmes v. connûtes ils connurent	je connaîtrai tu connaîtras il connaîtra n. connaîtrons v. connaîtrez ils connaîtront
26. naître 生まれる naissant né	je nais tu nais il naît n. naissons v. naissez ils naissent	je naissais tu naissais il naissait n. naissions v. naissiez ils naissaient	je naquis tu naquis il naquit n. naquîmes v. naquîtes ils naquirent	je naîtrai tu naîtras il naîtra n. naîtrons v. naîtrez ils naîtront
27. conduire みちびく conduisant conduit	je conduis tu conduis il conduit n. conduisons v. conduisez ils conduisent	je conduisais tu conduisais il conduisait n. conduisions v. conduisiez ils conduisaient	je conduisis tu conduisis il conduisit n. conduisîmes v. conduisîtes ils conduisirent	je conduirai tu conduiras il conduira n. conduirons v. conduirez ils conduiront
28. suffire 足りる suffisant suffi	je suffis tu suffis il suffit n. suffisons v. suffisez ils suffisent	je suffisais tu suffisais il suffisait n. suffisions v. suffisiez ils suffisaient	je suffis tu suffis il suffit n. suffîmes v. suffîtes ils suffirent	je suffirai tu suffiras il suffira n. suffirons v. suffirez ils suffiront
29. lire 読む lisant lu	je lis tu lis il lit n. lisons v. lisez ils lisent	je lisais tu lisais il lisait n. lisions v. lisiez ils lisaient	je lus tu lus il lut n. lûmes v. lûtes ils lurent	je lirai tu liras il lira n. lirons v. lirez ils liront
30. plaire 気に入る plaisant plu	je plais tu plais il plaît n. plaisons v. plaisez ils plaisent	je plaisais tu plaisais il plaisait n. plaisions v. plaisiez ils plaisaient	je plus tu plus il plut n. plûmes v. plûtes ils plurent	je plairai tu plairas il plaira n. plairons v. plairez ils plairont
31. dire 言う disant dit	je dis tu dis il dit n. disons v. dites ils disent	je disais tu disais il disait n. disions v. disiez ils disaient	je dis tu dis il dit n. dîmes v. dîtes ils dirent	je dirai tu diras il dira n. dirons v. direz ils diront
32. faire する faisant [fəzã] fait	je fais tu fais il fait n. faisons [fəzɔ̃] v. faites ils font	je faisais [fəzɛ] tu faisais il faisait n. faisions v. faisiez ils faisaient	je fis tu fis il fit n. fîmes v. fîtes ils firent	je ferai tu feras il fera n. ferons v. ferez ils feront

条 件 法	接 続 法		命 令 法	同型活用の動詞 （注意）
現　　在	現　　在	半　過　去	現　　在	
je connaîtrais tu connaîtrais il connaîtrait n. connaîtrions v. connaîtriez ils connaîtraient	je connaisse tu connaisses il connaisse n. connaissions v. connaissiez ils connaissent	je connusse tu connusses il connût n. connussions v. connussiez ils connussent	connais connaissons connaissez	reconnaître ; paraître, apparaître, disparaître （t の前で i → î）
je naîtrais tu naîtrais il naîtrait n. naîtrions v. naîtriez ils naîtraient	je naisse tu naisses il naisse n. naissions v. naissiez ils naissent	je naquisse tu naquisses il naquît n. naquissions v. naquissiez ils naquissent	nais naissons naissez	renaître （t の前で i → î）
je conduirais tu conduirais il conduirait n. conduirions v. conduiriez ils conduiraient	je conduise tu conduises il conduise n. conduisions v. conduisiez ils conduisent	je conduisisse tu conduisisses il conduisît n. conduisissions v. conduisissiez ils conduisissent	conduis conduisons conduisez	introduire, produire, traduire ; construire, détruire
je suffirais tu suffirais il suffirait n. suffirions v. suffiriez ils suffiraient	je suffise tu suffises il suffise n. suffisions v. suffisiez ils suffisent	je suffisse tu suffisses il suffît n. suffissions v. suffissiez ils suffissent	suffis suffisons suffisez	
je lirais tu lirais il lirait n. lirions v. liriez ils liraient	je lise tu lises il lise n. lisions v. lisiez ils lisent	je lusse tu lusses il lût n. lussions v. lussiez ils lussent	lis lisons lisez	élire, relire
je plairais tu plairais il plairait n. plairions v. plairiez ils plairaient	je plaise tu plaises il plaise n. plaisions v. plaisiez ils plaisent	je plusse tu plusses il plût n. plussions v. plussiez ils plussent	plais plaisons plaisez	déplaire, taire （ただし taire の直・現・ 3 人称単数 il tait）
je dirais tu dirais il dirait n. dirions v. diriez ils diraient	je dise tu dises il dise n. disions v. disiez ils disent	je disse tu disses il dît n. dissions v. dissiez ils dissent	dis disons dites	redire
je ferais tu ferais il ferait n. ferions v. feriez ils feraient	je fasse tu fasses il fasse n. fassions v. fassiez ils fassent	je fisse tu fisses il fît n. fissions v. fissiez ils fissent	fais faisons faites	défaire, refaire, satisfaire

不 定 形 分 詞 形	直　　説　　法			
	現　　在	半　過　去	単純過去	単純未来
33. rire 笑う riant ri	je　ris tu　ris il　rit n.　rions v.　riez ils　rient	je　riais tu　riais il　riait n.　riions v.　riiez ils　riaient	je　ris tu　ris il　rit n.　rîmes v.　rîtes ils　rirent	je　rirai tu　riras il　rira n.　rirons v.　rirez ils　riront
34. croire 信じる croyant cru	je　crois tu　crois il　croit n.　croyons v.　croyez ils　croient	je　croyais tu　croyais il　croyait n.　croyions v.　croyiez ils　croyaient	je　crus tu　crus il　crut n.　crûmes v.　crûtes ils　crurent	je　croirai tu　croiras il　croira n.　croirons v.　croirez ils　croiront
35. craindre おそれる craignant craint	je　crains tu　crains il　craint n.　craignons v.　craignez ils　craignent	je　craignais tu　craignais il　craignait n.　craignions v.　craigniez ils　craignaient	je　craignis tu　craignis il　craignit n.　craignîmes v.　craignîtes ils　craignirent	je　craindrai tu　craindras il　craindra n.　craindrons v.　craindrez ils　craindront
36. prendre とる prenant pris	je　prends tu　prends il　prend n.　prenons v.　prenez ils　prennent	je　prenais tu　prenais il　prenait n.　prenions v.　preniez ils　prenaient	je　pris tu　pris il　prit n.　prîmes v.　prîtes ils　prirent	je　prendrai tu　prendras il　prendra n.　prendrons v.　prendrez ils　prendront
37. boire 飲む buvant bu	je　bois tu　bois il　boit n.　buvons v.　buvez ils　boivent	je　buvais tu　buvais il　buvait n.　buvions v.　buviez ils　buvaient	je　bus tu　bus il　but n.　bûmes v.　bûtes ils　burent	je　boirai tu　boiras il　boira n.　boirons v.　boirez ils　boiront
38. voir 見る voyant vu	je　vois tu　vois il　voit n.　voyons v.　voyez ils　voient	je　voyais tu　voyais il　voyait n.　voyions v.　voyiez ils　voyaient	je　vis tu　vis il　vit n.　vîmes v.　vîtes ils　virent	je　verrai tu　verras il　verra n.　verrons v.　verrez ils　verront
39. asseoir 座らせる asseyant assoyant assis	j'　assieds tu　assieds il　assied n.　asseyons v.　asseyez ils　asseyent j'　assois tu　assois il　assoit n.　assoyons v.　assoyez ils　assoient	j'　asseyais tu　asseyais il　asseyait n.　asseyions v.　asseyiez ils　asseyaient j'　assoyais tu　assoyais il　assoyait n.　assoyions v.　assoyiez ils　assoyaient	j'　assis tu　assis il　assit n.　assîmes v.　assîtes ils　assirent	j'　assiérai tu　assiéras il　assiéra n.　assiérons v.　assiérez ils　assiéront j'　assoirai tu　assoiras il　assoira n.　assoirons v.　assoirez ils　assoiront

条　件　法	接　　続　　法		命　令　法	同型活用の動詞（注意）
現　　在	現　　在	半　過　去	現　　在	
je　rirais tu　rirais il　rirait n.　ririons v.　ririez ils　riraient	je　rie tu　ries il　rie n.　riions v.　riiez ils　rient	je　risse tu　risses il　rît n.　rissions v.　rissiez ils　rissent	ris rions riez	sourire
je　croirais tu　croirais il　croirait n.　croirions v.　croiriez ils　croiraient	je　croie tu　croies il　croie n.　croyions v.　croyiez ils　croient	je　crusse tu　crusses il　crût n.　crussions v.　crussiez ils　crussent	crois croyons croyez	
je　craindrais tu　craindrais il　craindrait n.　craindrions v.　craindriez ils　craindraient	je　craigne tu　craignes il　craigne n.　craignions v.　craigniez ils　craignent	je　craignisse tu　craignisses il　craignît n.　craignissions v.　craignissiez ils　craignissent	crains craignons craignez	plaindre ; atteindre, éteindre, peindre; joindre, rejoindre
je　prendrais tu　prendrais il　prendrait n.　prendrions v.　prendriez ils　prendraient	je　prenne tu　prennes il　prenne n.　prenions v.　preniez ils　prennent	je　prisse tu　prisses il　prît n.　prissions v.　prissiez ils　prissent	prends prenons prenez	apprendre, comprendre, surprendre
je　boirais tu　boirais il　boirait n.　boirions v.　boiriez ils　boiraient	je　boive tu　boives il　boive n.　buvions v.　buviez ils　boivent	je　busse tu　busses il　bût n.　bussions v.　bussiez ils　bussent	bois buvons buvez	
je　verrais tu　verrais il　verrait n.　verrions v.　verriez ils　verraient	je　voie tu　voies il　voie n.　voyions v.　voyiez ils　voient	je　visse tu　visses il　vît n.　vissions v.　vissiez ils　vissent	vois voyons voyez	revoir
j'　assiérais tu　assiérais il　assiérait n.　assiérions v.　assiériez ils　assiéraient	j'　asseye tu　asseyes il　asseye n.　asseyions v.　asseyiez ils　asseyent	j'　assisse tu　assisses il　assît n.　assissions v.　assissiez ils　assissent	assieds asseyons asseyez	（代名動詞 s'asseoir として用いられることが多い．下段は俗語調）
j'　assoirais tu　assoirais il　assoirait n.　assoirions v.　assoiriez ils　assoiraient	j'　assoie tu　assoies il　assoie n.　assoyions v.　assoyiez ils　assoient		assois assoyons assoyez	

不 定 形 分 詞 形	直　　説　　法			
	現　　在	半　過　去	単 純 過 去	単 純 未 来
40. recevoir 受取る recevant reçu	je　reçois tu　reçois il　reçoit n.　recevons v.　recevez ils　reçoivent	je　recevais tu　recevais il　recevait n.　recevions v.　receviez ils　recevaient	je　reçus tu　reçus il　reçut n.　reçûmes v.　reçûtes ils　reçurent	je　recevrai tu　recevras il　recevra n.　recevrons v.　recevrez ils　recevront
41. devoir ねばならぬ devant dû, due dus, dues	je　dois tu　dois il　doit n.　devons v.　devez ils　doivent	je　devais tu　devais il　devait n.　devions v.　deviez ils　devaient	je　dus tu　dus il　dut n.　dûmes v.　dûtes ils　durent	je　devrai tu　devras il　devra n.　devrons v.　devrez ils　devront
42. pouvoir できる pouvant pu	je　peux (puis) tu　peux il　peut n.　pouvons v.　pouvez ils　peuvent	je　pouvais tu　pouvais il　pouvait n.　pouvions v.　pouviez ils　pouvaient	je　pus tu　pus il　put n.　pûmes v.　pûtes ils　purent	je　pourrai tu　pourras il　pourra n.　pourrons v.　pourrez ils　pourront
43. vouloir のぞむ voulant voulu	je　veux tu　veux il　veut n.　voulons v.　voulez ils　veulent	je　voulais tu　voulais il　voulait n.　voulions v.　vouliez ils　voulaient	je　voulus tu　voulus il　voulut n.　voulûmes v.　voulûtes ils　voulurent	je　voudrai tu　voudras il　voudra n.　voudrons v.　voudrez ils　voudront
44. savoir 知っている sachant su	je　sais tu　sais il　sait n.　savons v.　savez ils　savent	je　savais tu　savais il　savait n.　savions v.　saviez ils　savaient	je　sus tu　sus il　sut n.　sûmes v.　sûtes ils　surent	je　saurai tu　sauras il　saura n.　saurons v.　saurez ils　sauront
45. valoir 価値がある valant valu	je　vaux tu　vaux il　vaut n.　valons v.　valez ils　valent	je　valais tu　valais il　valait n.　valions v.　valiez ils　valaient	je　valus tu　valus il　valut n.　valûmes v.　valûtes ils　valurent	je　vaudrai tu　vaudras il　vaudra n.　vaudrons v.　vaudrez ils　vaudront
46. falloir 必要である — fallu	il　faut	il　fallait	il　fallut	il　faudra
47. pleuvoir 雨が降る pleuvant plu	il　pleut	il　pleuvait	il　plut	il　pleuvra

条　件　法	接　　続　　法		命　令　法	同型活用の動詞
現　　在	現　　在	半　過　去	現　　在	（注意）
je recevrais tu recevrais il recevrait n. recevrions v. recevriez ils recevraient	je reçoive tu reçoives il reçoive n. recevions v. receviez ils reçoivent	je reçusse tu reçusses il reçût n. reçussions v. reçussiez ils reçussent	reçois recevons recevez	apercevoir, concevoir
je devrais tu devrais il devrait n. devrions v. devriez ils devraient	je doive tu doives il doive n. devions v. deviez ils doivent	je dusse tu dusses il dût n. dussions v. dussiez ils dussent		（過去分詞は du＝de＋ le と区別するために男 性単数のみ dû と綴る）
je pourrais tu pourrais il pourrait n. pourrions v. pourriez ils pourraient	je puisse tu puisses il puisse n. puissions v. puissiez ils puissent	je pusse tu pusses il pût n. pussions v. pussiez ils pussent		
je voudrais tu voudrais il voudrait n. voudrions v. voudriez ils voudraient	je veuille tu veuilles il veuille n. voulions v. vouliez ils veuillent	je voulusse tu voulusses il voulût n. voulussions v. voulussiez ils voulussent	veuille veuillons veuillez	
je saurais tu saurais il saurait n. saurions v. sauriez ils sauraient	je sache tu saches il sache n. sachions v. sachiez ils sachent	je susse tu susses il sût n. sussions v. sussiez ils sussent	sache sachons sachez	
je vaudrais tu vaudrais il vaudrait n. vaudrions v. vaudriez ils vaudraient	je vaille tu vailles il vaille n. valions v. valiez ils vaillent	je valusse tu valusses il valût n. valussions v. valussiez ils valussent		
il faudrait	il faille	il fallût		
il pleuvrait	il pleuve	il plût		

プルミエ・パ
―はじめて学ぶフランス語―

©2023 年 1 月 30 日　初版発行

検印
省略

著　者　　　　　　　　　　吉　川　佳英子

　　　　　　　　　　　　　近　藤　野　里

　　　　　　　　　　　　　棚　橋　美知子

発行者　　　　　　　　　　小　川　洋一郎

発行所　　　　　　　株式会社　朝　日　出　版　社

〒101-0065 東京都千代田区西神田 3-3-5

電話 (03) 3239-0271・72（直通）

振替口座　東京　00140-2-46008

http://www.asahipress.com/

メディアアート／図書印刷

乱丁・落丁本はお取り替えいたします

ISBN 978-4-255-35342-5 C1085